投資，是放大人性的機率遊戲

善用數理邏輯解鎖投資心理戰
超人氣數學家用血淚悟出的市場硬道理

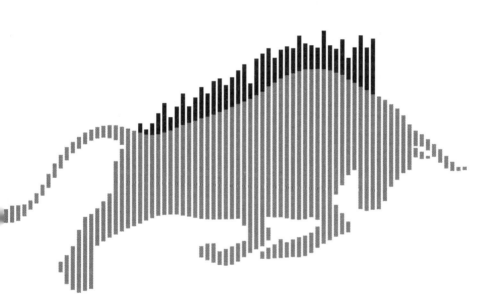

約翰・艾倫・保羅斯 John Allen Paulos —— 著　　黃庭敏 —— 譯

A MATHEMATICIAN
PLAYS THE STOCK MARKET

致我父親

他從未炒過股票，也不懂機率，卻明白兩者的重要教誨。
他會說：「唯一可以確定的就是不確定性，所以懂得如何
與不安全感共存，是你唯一能給自己的安全感。」

Contents

投資時該怎麼做與實際行為的差距

綠角｜財經作家

　　本書作者是約翰・艾倫・保羅斯，美國賓州天普大學
（Temple University）數學家。書中透過有趣的例子與透
澈的剖析，帶領讀者理解金融市場。

　　其中引人入勝，貫穿全書的主軸，就是作者投資世界
通訊公司（WorldCom）的過程。

　　原先，作者大多的資金採用分散的指數化投資。在
2000年初，他得到了一筆意外之財，心中就將其歸類於
「用於投機的錢」。

　　看到當時好像大家都從通訊與網路科技公司股票中賺
大錢，相較之下自己的指數化投資工具太過平凡無趣，他
決定用這筆錢做一些比較積極的投資。他選定世界通訊。

　　世界通訊是一家有著2,500萬用戶與250億美元營業

收入的公司，是網路服務的重要提供者。作者想，網路方興未艾，總不會消失吧。所以，以每股47美元買進。

然後在2000年之後的下跌，一路加碼買進，想要攤平，甚至借錢投入。

這個過程透露出許多投資時的人性弱點。

人何時會背離原先踏實穩健的投資策略？

往往就在看到別人從事高風險投資，譬如單壓個股、借錢投資都賺大錢時。

別人賺好多，自己卻錯過了，會形成龐大的心理壓力。

但看到市場特定區塊表現大好之後，才想跟著進入，往往讓自己剛好成為追高的投資人。

指數化投資看似是一個簡單的投資做法。但堅定採用這個方式，幾十年期間不為誘惑所動，是非常不簡單的事。

作者為何會對單一公司做出單筆投入？一個很大的理由就在於他把這筆錢視為「用於投機的錢」。一旦把錢做出不同的分類，就會有不同的使用方式。既然是意外得到的錢，就覺得輸了也沒關係，所以就利用這筆錢放出心中想要投機的惡魔，去買單一公司股票。

其實，買彩券中獎得到的一百萬，跟工作所得賺到的一百萬，都是一樣的價值。把看似比較簡單就得到的錢，視為失去也沒關係的錢，你很可能會得償所願，那就是失去它。

作者用每股47美元買進，這在他心中形成一個刻印，世界通訊就是這個價錢。所以日後下跌時，他都把當時價格與47美元比較，覺得變得更便宜，更值得買進。而且認為，日後股價一定會再回到47美元以上。

但作者的買進價只是形成錨定價位，成為以後常用於比較的標竿。事實上，你47美元買進，不代表日後價位低於47就是比較便宜。往後的股價，都是反應當時的資訊與當時整體投資人的看法。也有可能是當初47美元根本就是太貴了。

這個現象不僅會造成投資人誤以為自己在買一家走上末路的上市公司時是逢低買進，也會造成投資人在持續上漲的市場不敢再投入。

台灣本地最明顯的例子，就是代號0050的台灣50ETF。0050在2003年6月底發行時，是每股37塊。後來漲到70塊，就有很多人覺得「太貴」了。當時還有人定出，0050假如低於40塊就買進，高過60塊就賣出的

「套利」操作策略。

這個方法會造成投資人在0050達到60塊之後賣出，然後看著0050一路漲到100塊以上，錯過大幅報酬。

作者為何在下跌中一路買進，甚至借錢去買？

因為他只看到好的消息。他看不到當時會計帳目的問題，看不到其他投資人的懷疑。關於世界通訊，他只看到正面報導。

人會找尋可以解釋自己看法的資訊。

也就是說，當人因為想要獲利的貪念興起，去買一支標的時，往往就會開始找尋值得買進的理由，同時忽略負面消息。最後投資人就可列出值得投資的多項理由，但這些理由其實全都是自己想要迅速致富的貪念帶來的。

作者為什麼如此堅持要攤低成本，等待回檔獲利。因為這是一種「必須證明自己是對的」心理。在進行一筆投資之後，不管其基本面如何惡化，股價表現如何差勁，人總希望藉由自己的一些堅持、一些操作，最後終能回本或甚至獲利。

因為，投資虧損在他們心中，不是該公司的問題，是自己的問題。他把這筆投資的表現，視為對自己的評價。不能錯，只能是好的。

於是作者借錢買進。原先只是一小筆金錢的投資，投入部位開始擴增。甚至最後作者在2002年4月認賠出清全部世界通訊股票後，還在2003年買進買權，希望有翻本的機會。

一個出發點就錯誤的投資，其日後造成的影響可能會遠超過你的想像。

所以我們不該出於貪心而買進，不該用心理帳戶決定資金如何運用、不應受錨定效應影響、不應只看符合自己想法的消息。

我們都知道，投資不應犯這些錯誤。

但我們卻看到一個又一個世代的投資人，一再親身體驗這些錯誤，難以超脫。甚至本文作者，一位最注重邏輯的數學家都難以倖免。

因為，這些錯誤根植於人性。

我們就是想輕鬆賺大錢，我們就是會在心中把錢歸類成不同帳戶，我們就是有錨定心理。

一味地要求自己理性，恐怕很難克服這些問題。但前人的經驗與他們在過程中的體悟，往往可以讓我們更深入了解問題的本質，幫助自己走過這些挑戰與誘惑。

這本書就是作者的親身經歷、當時的氣氛與對應想法的完整描述。對於想要避開這些投資錯誤的投資人，是一本具高度參考價值的著作。

自己的看法不重要，
重要的是猜中別人的看法

Anticipating Others' Anticipations

2000年初的時候，股市大好，我在各種指數基金的投資表現不錯，但沒有讓我非常興奮。至於為什麼投資應該讓人興奮又是另一個話題了，但似乎許多人真的很喜歡主動管理他們的投資組合。因此，在收到一小筆意外之財後，我把這筆錢放入行為經濟學家理查·塞勒（Richard Thaler）所謂的獨立心理帳戶中。實際上，我認為這是「用來投機的錢」。

　　除了我私自這樣稱呼這筆錢之外，這筆錢與我的其他資產沒有什麼區別，但是如此分類使我的小額意外之財更容易受到一時衝動的影響。在這種情況下，它引發了一系列注定虧錢的投資決策。即使到了現在，回憶起來心裡也會淌血。從心理面來看，人往往容易花掉意外之財，這很可能是我拿這筆錢買進美國世界通訊公司（簡稱世通）股票的原因。該公司的廣告號稱自己是「數位時代的卓越全球通訊公司」，當時每股47美元。（以下我大致用世通的股票代號WCOM來指該公司的股票，用世通來指公司。）

　　當然，今天世通已成為商業詐欺的代名詞，但在平靜美好的1990年代後期，它似乎是一家勢不可當的成功公司，收購了其他幾家高科技的電信公司。公司創始人兼前

執行長伯納德・埃伯斯（Bernard Ebbers）現在被許多人視為海盜，但當時他被視為俠盜。我讀過該公司的相關資料，知道高科技界的思想領袖喬治・吉爾德（George Gilder）長期以來一直在熱烈地讚揚這間公司，並且知道旗下的資產包括大型長途電話公司MCI和UUNet公司，後者還是早期網際網路的「骨幹」。我花了很多時間在網上（家就是你掛在網路上的地方），所以我覺得吉爾德在描述「電訊狂潮」和歌頌無限寬頻方面，文章寫得情感豐富，特別能吸引我。

我還知道，當時大多數的網路科技公司沒有資金進帳，而且客戶很少。但是世通不同，他們公司收入超過250億美元，擁有近2,500萬客戶。所以當我認識的幾個人跟我說，世通的股票可以「強力買進」，我接受了他們的建議。儘管當時該檔股票的股價略有下跌，但我確信很快就會突破之前64美元的高點。

如果事情僅此而已，對我來說就不會有舉足輕重的財務後果，而且我現在也不會寫這本投資的書了。唉，情況非同小可，或者更確切地說，是一連串「茲事體大的事情」。在建倉後，我不禁在想，為什麼不買更多？我不認為自己是個賭徒，但我強迫自己**不去**思考，迫使自己一味

地採取行動，逼自己買進更多的WCOM股票，但這些股票的價格已經遠高於我持有的少數幾股。而且，這也不是我最後一次買這檔股票。我通常是不會感情用事的，但我卻不幸和這檔股票墜入愛河。

　　儘管我鍾愛的是WCOM，但我的經歷幾乎適用於其他股票和投資者。在書中WCOM出現的地方，你都可以用以下股票來替換，例如朗訊科技（Lucent）、泰科（Tyco）、英特爾、雅虎、美國線上時代華納（AOL-Time Warner）、環球電信（Global Crossing）、安隆、有線電視公司Adelphia。或者，也許能用WOE或BANE等通用符號。[1]本書描述的時間範圍，是在經歷了近十年令人興奮的牛市之後，出現股市崩盤，可能讀者讀起來，會覺得比較針對2000年代初期的美國股市。但是這裡提出的觀點幾乎通用，或者說只要有一點常識就可以舉一反三。

1　美國股票代碼會用一到五個英文字母來代表公司，而WOE是災難之意，BANE則是禍根的意思，實際並沒有這兩檔股票。這裡作者在隱喻讓人慘賠的股票。

愛上世通

　　凱因斯可以說是20世紀最偉大的經濟學家，他把股市裡短期投資者的狀況，比喻為參與報紙選美比賽的讀者（在他那個時代很流行）。從表面上來看，讀者的任務是從一百名參賽者中選出最漂亮的五名，但他們的實際任務更為複雜。因為他們要選出獲得讀者最多票數的五名參賽者，報社才會給他們小小的獎勵。也就是說，他們得選出最有可能被其他讀者選中的參賽者，而其他讀者也必須試著這樣做。因此，他們不能迷戀任何參賽者，也不可以過分強調自己的喜好。用凱因斯的話來說，他們必須預測「一般人會推測的普遍意見」（或者，更複雜的是，預測一般人推測的普遍想法中，會預期的普遍意見是什麼）。

　　因此，也許就像政治，只要準確抓住大眾的心理就能有點石成金的能力。例如，對於「類似安隆案」或「類似世通醜聞」這些影響到自己投資的謠言，人們可能會予以駁斥。但是，如果他們相信其他人會相信這些謠言，那他們就不能忽視這些謠言。

　　在投資世通之前，我從來不對這種盤算社會群體之事感興趣。我不覺得市場有特別能啟發靈感或高尚之處，我

只是認為這是交易企業股份的方式。研究市場並不像投入數學或哲學，或觀看喜劇節目那樣引人入勝。因此，我從字面上來理解凱因斯的意思，而且本人又沒有太大的信心能看準大眾的喜好，所以我都避免投資個股。此外，我認為股票走勢完全是隨機的，所以試圖贏過隨機的骰子是愚蠢的行為。因此，我的大部分資金都投入了範圍廣泛的股票指數型基金。

然而，在投資世通之後，我卻偏離了這種明智的做法。而且，極盡所能地揣摩、並預測市場，突然變成了攸關生存的事情。我不但沒有嘲笑商業節目中無趣的談話、如體育播報員般的意見和空洞的預測，反而還開始從所有市場評論中，尋找可能的實質內容，並慢慢改變了對事情的看法。我還試圖解釋自己有時愚蠢的行為，這些例子將在本書中不時出現。而且，我甚至會用自己對市場背後的數學理解，來自圓其說。

為了避免我輸得精光（或者至少是賠了很多錢）的故事讓你厭煩，我必須強調，我的主要目的，是要清楚地解釋、闡明和探索市場的基本數學概念。而我主要會透過小插曲和故事，而不是用算式和方程式，來研究不同投資方法以及各種問題、矛盾和困惑。有些問題是以前就有的，

有些是新的，而這些概括了市場的全貌。比如，市場有效率嗎？市場是隨機的嗎？技術面分析、基本面分析有什麼作用？如何量化風險？認知錯覺的影響是什麼？共識的作用是什麼？最常見的騙局有哪些？什麼是選擇權、投資組合理論、賣空、效率市場假說？常態的鐘形曲線能解釋市場偶爾出現的極端波動嗎？碎形理論、混沌理論和其他非常規的分析工具，又是在講什麼？本書不會提供明確的投資建議，當然也不會專章討論千禧年的十檔最佳股票、加快退休金儲蓄速度的五大妙方，或你現在可以採取的三大妙技。簡而言之，本書的內容不是那種號稱能一夜致富、但事實上一點用也沒有的投資方法。

然而，與這些數學問題密不可分的往往是心理學。因此，我會先討論這門學科和數學之間尚未確定的部分。

想得對，跟看對市場是兩碼子事

股票市場有種過於簡化的特質。你可能因為錯的原因而是對的，也可能因為對的原因而是錯的。但對市場來說，你只是單純的對或錯。拿這件事與下面的故事相比較：老師問班上是否有人能說出兩個代名詞，由於沒有人

自願回答，老師就點名湯米，他回答說：「誰？我？」因此，雖然湯米的英文成績不太可能拿到A，但對市場而言，湯米是對的，所以他會賺到錢。

猜對市場通常會讓你樂得合不攏嘴。2002年6月，我在費城的錄音室等待電台採訪時，我向警衛人員提到我正在寫這本書。這打開了他的話匣子，侃侃談起市場，以及幾年前他從退休金管理者那裡連續收到兩份對帳單，顯示他的退休基金已經縮水。（他認為，這就是第三章提到的技術性賣出信號。）「第一份對帳單我可能還覺得是意外，但是連續兩份對帳單都顯示賠錢，情況不妙啊！你知道我必須和退休金辦事人員爭辯，說我要賣掉股票，換成美國短期國庫券嗎？她告訴我不要擔心，因為我還有好幾年才要退休，但我堅持說：『不行，我現在就要賣掉。』我很高興我確實賣掉了。」他繼續告訴我，「車站裡那些自視甚高的人每天都在嚎啕大哭，說他們賠了多少錢。我提醒他們，若連續兩次對帳單都顯示賠錢的話，就要把資金抽出股市，但他們不聽我的。」

我沒有告訴警衛我那段糟糕的世通投資經歷，但後來我有對電台製作人和音控師說，警衛在聽到我寫關於股市的書時，發表了他的理財見解。他們打包票地說，不管怎

樣，他都會跟我說那些事的。「他跟每個人都這樣說。」他們口氣悶悶不樂的，就像那些自視甚高、沒有接受他的建議的人一樣，結果現在落得嚎啕大哭的下場。

這類的趣事讓人想到一個問題：「如果你這麼聰明，怎麼沒有發財？」任何有一點點智慧和一、兩筆帳單還未繳的人，都會一再被旁人問到這個問題。但是，就像聰明和發財之間是有區別的，想法正確和看對市場之間也有相似的區別。

試想以下情況。請一組人裡每個人必須同時選擇0到100之間的一個數字，然後進一步指示他們，選擇自己認為最接近該組選擇的平均值80%的數字，數字猜的最接近的人，可以得到100美元。先停下來想一想，你會選哪個數字。當中的一些人可能會推斷，大家選擇的平均值可能是50，因此這些人會猜是40，也就是平均值的80%。其他人說不定會預測別人會因此而猜40，所以他們會猜32，也就是40的80%。還有一些人可能預測別人會因此而猜32，所以他們會猜25.6，也就是32的80%。

如果這個小組繼續玩這個遊戲，他們會慢慢發現，要反覆修正自己對其他人如何思考的推論，直到他們都達到最佳的答案，即0。因為他們都想選擇一個等於平均值

80％的數字，而唯一方法就是選擇0。這是唯一會等於數字本身80％的數字。（選擇0會導致這個遊戲形成納許均衡〔Nash equilibrium〕。亦即，在已知對手策略下，任何一方不能再單方面改變自己行為而獲益時，就會產生這種結果。）

推測大家平均猜測數字的80％，有點像凱因斯用報紙選美比賽來描述投資者的任務。弔詭的是，任何聰明到能夠看懂問題的核心、並立即猜0的人，幾乎肯定是錯的，因為每個人會對「其他人如何推理」進行不同程度的推測。有些人為了增加機會，會選擇數字略高於或略低於自然猜測的40、32、25.6或20.48。也有一些人是隨便亂猜，和有人會猜50，或猜比50更大的數字。除非這組成員非比尋常，否則很少有人會一開始就猜到0。

如果一個小組只玩一、兩次這種「猜測其他人猜的平均值」遊戲，其實就像要讀懂其他人的心思一樣。因為這是在遵循一個觀點，然後推導出合乎邏輯的結論。同樣的，衡量投資者通常與評估投資一樣重要，而且可能還更困難。

殘酷的評分規則

其他情況也需要預測他人的行為，再據此應變。例如，記得以前有個電視節目，參賽者必須猜測他們的配偶會怎麼猜他們對特定問題的答案。

還有一個節目，不同參賽隊伍必須猜測，攝影棚的觀眾對一組字詞最常見的聯想。或者試想這樣的遊戲，你必須選出在紐約市（或是你家當地的購物中心），其他人最有可能去哪裡找你。如果你選擇的地點被大多數人選中了，你就贏了。類似凱因斯選美比賽的例子很普遍。

我在其他地方講過這件事，幾年前我在天普大學教了一門暑期的機率課程。這門課每天都要上課，進度很快，所以為了引導學生跟上教材的進度，我每天都給一個小測驗。我採用了其他課堂上實驗過的反常點子，在每張試卷的底部畫了一個小方框，並在旁邊寫下注解，說明學生如果在方框內打X，他們的考試分數會多加十分。但又補充說明，只有全班不到一半的學生在方框中打X時，才會加分。如果超過半數的學生在方框中打了X，那些打了X的人會被扣十分。我承認，這種做法接近於教學上的殘忍。

在第一次測驗中，有幾個勇敢的同學在方框中打了

X，並被多加了十分。隨著暑假一天一天過去，愈來愈多學生這樣做。有一天，我宣布超過一半的學生在方框中打了X，因此，那些學生被扣了十分。在下一次考試中，很少有學生在方框中打X。然而，打X的人數又逐漸上升到全班的40％左右，並維持在那個水準，每次都是百分之四十幾，具體的數字不盡相同。這給我的感覺是，學生很難盤算出是否要在方框中打X，特別是因為這個班級主要由外國學生組成。儘管我盡了最大的努力（包括這個小遊戲），但他們似乎沒有因此培養出患難情誼。在我沒發現有任何勾結的情況下，學生必須糾結在複雜的思緒中、但又只能戰戰兢兢地靠自己來預測其他學生會預期自己給出什麼預測。他們可傷透腦筋了。

我後來得知，聖塔菲研究院（Santa Fe Institute）和史丹佛大學的經濟學家布萊恩·亞瑟（W. Brian Arthur）長期以來，一直使用與上述基本相同的場景，來描述酒吧顧客的困境。他們要決定是否去熱門的酒吧，因為只有在酒吧不擁擠時，去酒吧的體驗才是愉快的，所以自然會形成一種平衡，酒吧很少出現人太多的情況。（洋基隊名將尤吉·貝拉〔Yogi Berra〕調侃過圖茨·紹爾餐廳〔Toots Shor〕說：「沒人想去那裡，人太多了。」而這裡的平衡

概念似乎像是遲來的科學理由。）亞瑟提出這個模型，是為了澄清市場投資者的行為，他們就像我的學生和酒吧顧客一樣，必須預測其他人對他們的預測（如此不斷循環下去）。無論是買進還是賣出股票，方框中要打X還是不打X，去還是不去酒吧，都取決於一個人認為其他人會有什麼行動和想法。

例如，消費者信心指數，是衡量消費者的消費傾向和對未來經濟的信心指標，同樣可能會受到某種反覆無常、反射性共識的影響。由於人們對經濟前景的評價，非常仰賴他們認為別人對於前景的看法，因此消費者信心指數間接調查了人們對他人看法的看法。（在這個指標的背景資訊中，「消費」和「消費者」是常見、但不合適的字詞，我認為「買進」、「購買」、「百姓」和「家庭」會是更好的說法。）

共識、嫉妒和市場拋售

打量其他投資者不僅僅是心理學問題，還需要新的邏輯概念。其中一個概念是「共識」，它最初由經濟學家羅伯特・奧曼（Robert Aumann）提出。這對於理解「股票

市場的複雜性」和「透明化的重要性」極為關鍵。如果各方人馬都知道某個資訊，知道其他人知道這個資訊，知道其他人也知道他們知道這個資訊，以此類推，那麼這個資訊就是一群人的共識，這個意義遠超於「相互知識」（mutual knowledge），後者只需要當事人知道特定的資訊，但他們不知道其他人知道的事情。

正如我稍後將討論到，具備共識的概念極為重要。因為這樣才能明白「檯面下的資訊攻防」，為什麼經常是市場泡沫化或崩盤的根本原因。這時市場的變化似乎是毫無徵兆就出現，因此幾乎無法預測。而檯面下的資訊攻防也與最近的市場拋售和會計醜聞有關，但在我們對市場進行更符合情況的描述之前，請參考我在著作《用故事來說數學邏輯》中的比喻，它說明了共識的影響力。故事發生在一個地點不明的村莊，那裡有性別歧視的愚昧情形。在這個村子裡有許多已婚夫婦，一旦其他女人的丈夫出軌，村內的每個女人都會立即知道，除了太太本人無法知道。村裡非常嚴格的女權主義法規要求，如果一個女人能證明她的丈夫不忠，她必須在當天殺了他。假設這些女人遵守法規，也很聰明，知道其他女人很聰明，而且幸好她們從不告訴其他女人她的丈夫不老實。碰巧的是，村裡有二十個

男人不忠，但由於沒有女人能證明丈夫不忠，村裡的生活愉快，大家小心翼翼地過日子。有一天早上，部落的女族長從森林的另一邊來拜訪。大家都認同她有誠信，她的話也被奉為真理。女族長警告聚集在一起的村民，他們當中至少有一位花心的丈夫。一旦這個眾所周知的事實變成**共識**，會發生什麼事？

答案是，在女族長的警告之後，接下來會有十九天平靜的日子，然後在第二十天，會發生大規模的屠殺，有二十名婦女殺死她們的丈夫。若要明白這是怎麼發生的，可先假設只有一位不忠的丈夫A先生。除了A太太之外，每個人都知道他不忠，所以女族長宣布時，只有A太太從中得知了新資訊。聰明的她意識到，如果有其他人的丈夫不忠，她會知道的。因此她推斷，A先生不忠，並在那一天殺死了他。

現在假設有兩個不忠的丈夫，A先生和B先生。除了A太太和B太太之外，村裡每個女人都知道這兩個男人不忠的事情。A太太只知道B先生的事，而B太太只知道A先生的事。因此A太太從女族長的宣告中沒有得知任何資訊，但由於B太太在第一天沒有殺死B先生，她推斷一定有第二個花心的丈夫，也只會是A先生了。同理，B太太

從A太太第一天沒有殺死丈夫的事實中，推斷B先生也有罪。第二天，A太太和B太太都殺了她們的丈夫。

如果恰好有三位有罪的丈夫，A先生、B先生和C先生，那麼女族長的宣告在第一天或第二天都不會有明顯的效果，但根據與上面類似的推理過程，A太太、B太太和C太太各自從前兩天，另外兩位太太都沒有採取行動而推斷出，她們的丈夫也有罪，並在第三天殺了他們。透過數學歸納的過程，我們可以得出結論，如果有二十位丈夫不忠，他們聰明的妻子最終將在第二十天，即正義大屠殺之日證明這一點。

現在，如果你把女族長的警告換成證券交易委員會（SEC）的公告；把緊張的妻子換成焦慮的投資者；把只要自己的丈夫沒有出軌，妻子就心安了，換成只要投資的公司不做假帳，投資者就放心了；把殺夫換成賣股票；把女族長的警告與大屠殺之間的時間差距，換成從政府宣布調查公司到市場拋售股票的時間差距，你就可以理解這種共識的比喻也適用於市場。

請注意，為了把某件資訊的邏輯狀態從相互變成共有，必須有一名獨立的仲裁者，在故事比喻中是女族長。而在市場的類似情況中，是美國SEC。如果沒有一個受到

大家普遍尊重和相信的人或單位，警告就會喪失鞭策和革
除的作用。

幸好市場沒有像故事中可憐的丈夫那樣，市場還能夠
起死回生。

CHAPTER 02

恐懼、貪婪和認知錯覺

Fear, Greed, and Cognitive Illusions

你不需要在投資上一時糊塗，就能意識到心理學在市場中扮演著重要、甚至是關鍵的角色，但有相關經驗是有幫助的。到2000年夏末，WCOM已跌至每股30美元，煽動我加碼買進。正如「煽動」一詞所透露的那樣，我的買進舉動不完全理性，我並不是說投資WCOM沒有合理的理由。畢竟，只要你不仔細檢視產能過剩和長途電話公司收入下降的問題，那你就可以找到繼續買入的理由。只是，與其說我的理由是對電信趨勢的評估，或對公司基本面的分析，不如說是沒有預料到的好賭本能，和希望證明自己想法是對的。我深受「驗證性偏誤」（confirmation bias）的影響，於是尋找有關這檔股票的好消息、有利之處和分析，同時也迴避那些不太樂觀的跡象。

只要沒賣，就不算賠

儘管我是單戀這檔股票，在愈來愈猛烈的追求之後（這個女孩甚至從未給我分配過股息），我還是把它娶進門了。隨著股價下跌，我眼裡仍只看到獲利的機會。當然，我告訴自己，股票已經觸底，現在可以買入相當便宜的股票來攤平了。沒錯，我很容易就鼓勵自己「攤平」，

卻忽略了同樣簡單的警告，就是不要試圖「接刀」。「不要把太多雞蛋放在同一個籃子」這句老掉牙、但謹慎的格言，似乎從來沒有強烈地進入我的意識裡。

　　投資銀行所羅門美邦（Salomon Smith Barney）的頂尖電信分析師傑克‧葛拉曼（Jack Grubman）（順便說一下，他擁有哥倫比亞大學的數學碩士學位）和其他分析師也影響了我，他們儀式性地把「強力買進」的藥粉，灑在我愛慕的標的上。事實上，大多數券商在2000年初都將WCOM評為「強力買進」，而其他券商就算沒有給予「強力買進」的評等，也會祭出「買進」的評等。你不需要敏銳的洞察力就可以注意到，當時幾乎沒有股票被評為「賣出」，更不用說「強烈賣出」，甚至也很少被評為「中立」。我想，也許只有那些生產太陽能手電筒的環保公司，才有資格獲得「中立」這類的評等。我已經習慣於學生平均成績提高、但卻未有相對的優異表現的分數膨脹，以及電影、書籍和餐廳的評論膨脹，所以我並沒有受到清一色的正面評價吸引。儘管如此，就像你一邊嘲笑那些天花亂墜的電視廣告，一邊又會心動一樣。有一部分的我相信這些「強力買進」的建議。

　　我一直告訴自己，這只是帳面損失罷了，除非我賣

掉,否則我並沒有真正賠錢。股價會回來的,如果我不賣,我就不會賠錢。我真的相信這種事嗎?當然不是,但我表現得好像我相信一樣,而「攤平」仍然看起來是無法抗拒的機會。我相信這家公司,但在這個過程中,貪婪和恐懼已經在我的腦海中,如往常般地使勁渾身解數,掩蓋了我的批判能力。

揭開經濟人的非理性

借用艾倫·葛林斯潘(Alan Greenspan)和羅伯·席勒(Robert Shiller)的著名說法,投資者可能會變得「非理性繁榮」(irrationally exuberant)。或者,不理性地無視過熱的數字訊號。那斯達克歷史上最大的單日點數上漲和下跌,都發生在2000年初的同一個月之中,這種模式在2001年和2002年沒有減緩。自1987年以來的最大單日漲幅,發生在2002年7月24日。(波動性的增加雖然很大,但有點誇張了。因為我們對賺錢和賠錢的看法,已經被指數的上升所扭曲。市場9,000點時,道瓊斯指數下跌2%就是180點。但不久前,指數還在3,000點時,同樣比例的跌幅只有60點。)隨著經濟出現衰退,也出現了不穩

定的情況，會計舞弊行為曝光、執行長瀆職行為增加、泡沫破滅，人們卻很可能受到變來變去的五十檔強勢黑馬股（呃……被低估的股票）名單影響，還是買賣股票。

在市場的劇烈波動中，情感和心理都是無法計算的因素。就像我們在看長相美麗的人，還有傑出的大學一樣，美貌和學術品質不會像臨時名單和雜誌上的排名那樣變化快速。所以，有別於我們看企業新聞時的反應，公司的基本面似乎不會如此善變。

把市場想像成一輛精美的賽車，其靈敏的方向盤讓車子無法直線行駛，這樣想像可能會有用。路上的小顛簸使我們瘋狂地轉向，眾人從恐懼到貪婪，然後又變回恐懼；從不合理的悲觀到非理性繁榮，然後又回到悲觀。

我們會過度反應是因為商業媒體一直在危言聳聽，這讓人想到了不同的比喻：宇宙學中盛行的理論，也就是宇宙膨脹假說。該假說非常、非常粗略地認為，在大爆炸後不久，原始宇宙膨脹得如此之快，以至於我們所有可見的宇宙都來自其中的一小部分，其餘的部分我們看不到。這個比喻有點牽強（事實上，我打字到這裡的時候，剛得了腕隧道症候群）。但它讓人想起，一旦商業媒體（以及一般媒體）不遺餘力地關注會煽動人們、但相對無關緊要的

新聞，會發生什麼情況。這種事件的報導擴展得如此之快，因而扭曲了世界現實，讓人沒看到其他新聞。

我們對商業新聞的反應，只是我們無法完全理性的情況之一。更普遍的情況是，我們不一定會以最大化經濟福利的方式行事。所以，「經濟人假設」並不是很多人努力追求的理想。例如，我已故的父親顯然就不是以自身利益最大化為目標。我記得很久以前，在一個秋天的晚上，他坐在我們屋外的台階上噗哧笑了出來。我問他有什麼好笑的，他告訴我他在看新聞，聽到當時密爾瓦基勇士隊的投手鮑勃·布爾（Bob Buhl），回答了電視記者問他在休賽期間有什麼計畫，「布爾說，他冬天要在密西根州沙吉諾（Saginaw）幫他父親的忙。」父親又笑了，繼續說：「記者問布爾他父親在沙吉諾做什麼，布爾說，『什麼都沒有，他根本就沒在做什麼。』」

我父親喜歡這種故事，他會一直咧著嘴笑。最近我在整理辦公室時，發現他寄給我的漫畫，喚醒了這段記憶。漫畫上畫著一個流浪漢高興地坐在公園長椅上，而一排表情嚴肅的商人從他身邊走過，流浪漢大喊：「是誰贏了？」儘管我父親是業務員，但他向來不太熱衷於拉業績，而是喜歡與客戶談天說地、講講笑話、寫寫詩（並非

全是打油詩），並經常喝咖啡休息。

　　像我父親這樣的故事大家都有，你很難找到一本小說，即使是有商業背景的小說，裡面的角色都在積極追求自己的經濟利益。所謂的「最後通牒賽局」的實驗結果就能證明，經濟人假設中的理想情況是有局限性的。在最後通牒賽局中，通常包括兩位參與者，實驗者給其中一位參與者一定數額的資金，例如100美元，而另一位參與者則被賦予了否決權。第一位參與者可以把100美元的一部分，分給第二位參與者，第二位參與者可以接受或拒絕。如果他接受，他會得到第一位參與者分配下來的金額，而第一位參與者則拿到剩下來的錢。假如他拒絕，實驗者會把錢通通收回。

　　從理性的賽局理論角度來看，人們會認為，不管金額多少都該接受，這樣才符合第二位參與者的利益。因為無論金額是多少，就算是再少，總比什麼都沒有好。人們還會覺得，知道這一點的第一位參與者，只會給第二位參與者很少的錢。結果，這兩種假設都是錯的。第一位參與者提議的金額範圍可以高達總金額的50％。而且，如果第二位參與者認為提議金額太少，並因此覺得受到侮辱，甚至會拒絕提議。這樣看來，公平、平等，以及憤怒和報復

的概念，似乎都在發揮作用。

你的大腦有多容易被誘導？

　　人們對最後通牒賽局的反應可能適得其反了，但至少他們頭腦是清晰的。近年來，許多心理學家指出了極多種的情況，是我們會受到其他會造成反效果的行為所影響。這些行為是由認知盲點引起，而這種盲點可能類似於視錯覺。但這些心理上的錯覺和缺陷，常常使我們在各種不同的探索中，做出非理性的行為，其中最重要的就是投資。

　　而阿莫斯・特沃斯基（Amos Tversky）和丹尼爾・康納曼（Daniel Kahneman），是這個相對較新的研究領域的創始者。兩人許多早期成果都收錄在他們和心理學家保羅・斯洛維克（Paul Slovic）共同編撰的經典著作《不確定狀況下的判斷》（*Judgment Under Uncertainty*）中。（康納曼於2002年獲得諾貝爾經濟學獎。如果特沃斯基沒有過世，兩人很可能會共同獲頒諾貝爾獎。）而其他對該領域做出貢獻的人，包括：湯瑪斯・吉洛維奇（Thomas Gilovich）、羅賓・道斯（Robyn Dawes）、傑克・克內甚（J. L. Knetsch）和巴魯克・菲施霍夫（Baruch Fischhoff）。

第一章提過的經濟學家塞勒，是將這些新興見解應用於經濟和金融領域的先驅之一。他的著作《贏家的詛咒》（*The Winner's Curse*），以及吉洛維奇的《康乃爾最經典的思考邏輯課》（*How We Know What Isn't So*），彙整了非常有用的近期研究結果。

這些結果特別耐人尋味之處在於，它揭示了人們會有意、無意地在日常生活中使用策略。例如，各種意識形態的人士最喜歡的伎倆，是拋出數據，藉此主導討論方向，而這些數據幾乎不需要與實際情況有關，但卻能有影響力。所以，假如某種情況讓你感到震驚，你可以說每年有超過五萬人因此而喪命。等到人們領悟、並意識到實際數字遠遠小於你拋出來的數字，你的目的也已經達成了。

毫無根據的金融炒作和不切實際的「目標價」也有同樣的效果。分析師通常會提出一個「目標價」，在投資者腦海中輸入一組數字，來左右投資者的想法。（不過，既然這些目標價往往與投資者的願望難以區分，不就應該永遠漫天喊價嗎？）

這種誇張的說法之所以會成功，是因為我們大多數人都有一種常見的心理缺陷。我們相信，並且很容易對聽到的數字產生依賴，這種傾向稱為「錨定效應」，並且已證

實適用於各種情況。

如果一個實驗者要求人們估計烏克蘭的人口、一莫耳物質中所含的粒子數、某個歷史事件的日期、到土星的距離，或者兩年後XYZ公司的營收，他們的猜測很可能與實驗者一開始建議的數字相當接近。例如，如果實驗者在要求受試者估計烏克蘭的人口前，加上一個問題，「是多於、還是少於2億人？」此時受試者的估計會有所不同，通常會比這個數字少一點，但猜的答案仍然會很平均。比如說，會猜1.75億人。假設實驗者在要求估計前，加上一個問題，「烏克蘭的人口是多於、還是少於500萬人？」受試者的估計會有所不同，這一次會比這個數字多一點，但仍然會猜得很平均。比方說，猜1,000萬人。不管給受試者什麼數字，他們都會受到該數字的影響，而且會朝著數字引導的方向去猜。

你可能認為這是合理的策略，讓人們可以遵循。畢竟，他們或許會意識到自己對烏克蘭、化學、歷史或天文學所知甚少。而且，他們說不定認為實驗者知識廣博，因此他們會緊記著實驗者所提供的數字。然而，一旦實驗者是用隨機的方式獲得一開始的數字，就更凸顯出這種驚人的誘導力量了。比如：旋轉一個數字轉盤，讓指針指到3

億、2億、5,000萬、500萬等等的數字。假設他在受試者面前旋轉轉盤，指出轉盤停住的位置，然後詢問受試者，烏克蘭的人口多於、或少於轉盤停止時的數字。儘管我們會想，受試者不會認為轉盤知道任何關於烏克蘭的事情吧？但受試者仍然會根據這個數字來猜測！

財務數字也容易受到這種操縱，包括目標價和其他不確定的未來數字，如預期營收。而數字所描述的未來愈遙遠，人們就愈有可能認為極大的數字是合理的。例如，寬頻、線上機票或寵物產品的需求，會呈指數性增長的樂觀情景。雖然人們會對這些估計數字打折扣，但通常打折扣的程度還不夠多，網路公司的暴漲情況便可歸因於這種效應。從看空的角度來看，人們也可以描繪出債務膨脹、市場萎縮或技術競爭的可怕景象。同樣的，這時呈現出來的數字會很嚇人，不需要與實際情況有太大的關係就能產生影響。

營收和目標價並不是唯一的錨定點。人們也經常記得、以及會錨定在股票過去的52週高點（或低點）上，並根據該錨定點來斟酌決策。我很不幸的，在WCOM這檔股票上就是犯了這樣的毛病。我第一次在40多美元的時候買入，並暗中認為股價最終會反彈，站回之前的價

格。後來，我在30多美元、20多美元和10多美元加碼買進時，也做了同樣的假設。

另一種更極端的錨定形式（儘管還涉及其他因素），是投資者關注公司公布的季度營收，是否符合分析師的預期。如果公司的每股盈餘低於分析師的預期0.01美元或0.02美元，投資者有時候反應得好像這家公司快破產似的。他們似乎不僅被錨定在營收估計上，而且還非常執著。

不令人訝異的是，研究顯示，公司的每股盈餘更有可能比分析師的平均預期高出0.01美元或0.02美元，而不是略低於分析師的預期。如果在不考慮分析師預期的情況下計算營收，那麼結果經常會低於平均的估計值。而兩邊估計值不對等的原因，可能是公司有時會「回推」他們的營收。照理說，公司應該先確定收入和支出，然後前者減去後者算出營收（或更複雜的算法）。但現在公司卻反過來，先從他們需要得出的營收開始推算，並調整收入和支出，來達到他們需要的營收數字。

盤點心理上的缺陷

　　錨定效應並不是削弱我們能力的唯一方式。此外，還有「可得性錯誤」（availability error）作祟。這是指我們往往用印象中相似的情況來看待事情，無論是政治的、個人的，還是財務方面。因此，美國近年來每一次軍事介入都不可避免地被描述為「另一個越南」。政治醜聞立即被拿去和柯林頓與陸文斯基的醜聞或水門案相比。配偶之間的誤解會讓雙方翻起舊帳。一般的會計問題讓人想起安隆、安達信會計師事務所（Arthur Andersen）和世通這些公司的慘敗。所有新興的高科技公司都會讓人執迷地聯想起網路經濟泡沫化。可得性錯誤與錨定一樣，可以被有心之人利用。

　　而人類的其他天性，也會加劇錨定效應和可用性錯誤，像是驗證性偏誤。這是指我們會尋找能支持自己假設的證據、並忽略不吻合的部分，來支持自己的說法。我們更容易注意到、甚至更努力地尋找能證實自身信念的事物。相反的，我們不容易注意到，當然也不會努力尋找那些不能證實我們信念的東西。這種選擇性思維強化了錨定效應：我們自然會開始找理由，證實呈現在眼前的隨意選

定數字是準確的。然而，有瑕疵的理性和不可救藥的封閉思想有時只是一線之隔，如果我們全面陷入驗證性偏誤，就會變成思想封閉。

驗證性偏誤也與選股有關。畢竟，我們往往受到那些股票看法與自己相似的人所吸引，並更積極地搜尋有關該檔股票的正面資訊。像我上世通的聊天室時，我更常會點擊那些自稱「強力買進」的人所寫的文章，而不去看「強力賣出」的文章。我也更關注世通與虛擬主機服務供應商之間相對較小的交易案，而沒注意電信產業裡更大的結構問題。

「現狀偏誤」（status quo bias）也適用於投資，這些不同的偏誤往往會互相影響。例如，如果告知受試者他們繼承了一大筆錢，然後請他們從四種投資組合中擇一（積極型的股票投資、平衡型的股票投資、地方政府債券基金或美國國庫券），此時每一種組合被選中的機率相當平均。

然而，令人驚訝的是，如果告知受試者他們繼承了這筆錢，但是這筆財產已經放在地方政府債券裡面，幾乎一半的人選擇把錢保留在債券中。就算換成其他三種投資組合也是如此：幾乎一半的人選擇將錢留在原處。這種惰性

是很多人坐視不管的部分原因，不僅是他們的遺產，還有他們的其他投資也會因惰性而持續縮水。另一種類似的偏誤「稟賦效應」（endowment effect），則是人們的心理傾向，指人們單純因為是自己擁有的資產，就賦予高於實際的價值，「這是我的股票，所以我很喜歡。」

相關研究顯示，與主動投資所產生的損失相比，被動投資的損失更不會讓人後悔。因此，堅持持有舊的投資標的，然後績效下跌25％的人，比起在該標的下跌25％之前才轉換至此的人，前者比較不會那麼難過。而這種對後悔的恐懼，也是人們不願與朋友交換彩券的原因。他們會想像，如果他們原本的彩券結果中獎了，他們心裡會是什麼滋味。

「盡量減少可能的遺憾」往往在投資者的決策中發揮極大的作用。特沃斯基、康納曼和其他人的多項研究顯示，大多數人傾向把「避免損失」看得比「獲得收益」還重要。這並不難理解。其他研究也顯示，與獲得同等收益的快樂相比，人們在遭受財務損失所感到的痛苦要大得多。在極端的情況下，對損失大筆金錢的嚴重恐懼，甚至會促使人們用自己的錢去冒極大的風險。

有許多實驗研究過這種情況，這裡用一個相當概略的

例子。想像一下，一位贊助者給了小組中每個人1萬美元，然後給所有人以下選擇：他承諾給他們額外的5,000美元，或者給他們額外的1萬美元或0美元，但這要取決於擲硬幣的結果。大多數人選擇接受額外的5,000美元。再來比較另一個小組所做的決定，贊助者給每人2萬美元，然後提供眾人以下選擇：他將從他們那裡拿走5,000美元，或是從他們那裡拿走1萬美元或0美元，這取決於擲硬幣的結果。在這種情況下，為了避免遭受損失，大多數人選擇擲硬幣。有趣的是，其實給兩組的選擇是相同的：穩拿1萬5,000美元，或擲硬幣來決定他們將獲得1萬美元，還是2萬美元。

唉，我也一樣，賠錢時卻繼續凹單，導致我冒了更大的風險，錯過了獲利的機會。2000年10月上旬，WCOM跌破20美元，迫使執行長埃伯斯售出300萬股股票來償還他的部分投資債務。當時討論世通的聊天室進入了典型的瘋狂狀態，但股價進一步下跌。現在回想起來很痛苦，不過我當時的反應是，「買到這樣低廉的價格，我終於可以擺脫困境了。」雖然我不信這鬼話，但我還是買了更多的股票。我的大腦和手指顯然不協調，為了避免迫在眉睫的損失，我的手指不停地點擊我在嘉信券商（Schwab）線

上帳戶的買進按鈕。

在商業之外，損失規避（loss aversion）也發揮了作用。比方說，試圖掩蓋醜聞往往會導致更嚴重的醜聞，這有點像是陳腔濫調。儘管大多數人都知道這一點，但人們仍企圖掩蓋醜聞，大概是因為此時人們也是更願意承擔風險來避免損失，而不是去獲利。

我們認知工具中的另一個漏洞，是塞勒提出的「心理帳戶」概念，這一點在上一章提到過。《穿著綠色浴袍的男人》這個故事就有力地說明了這個概念，故事相當冗長，結局也並不好笑。但重點是，有一個到拉斯維加斯度蜜月的新婚先生在床上醒來，看到梳妝台上放著5美元的籌碼。他因為睡不著，就到了樓下的賭場（當然就是穿著綠色浴袍），在輪盤賭桌上押注了特定的數字，然後贏了。35比1的賠率讓他賺到175美元的獎金，這名新婚的男子立即下注下一把。他再次獲勝，現在贏了超過6,000美元。他又把所有的賭注都押在這個號碼上幾次，一直持續到他的獎金高達數百萬元，然後賭場拒絕接受這麼高的賭注。他又去了一家更大的賭場，再次獲勝，現在擁有數億美元。他猶豫了一下，然後決定把所有的籌碼全押，再賭一次，但這一次他輸了。他的腦海中一片茫然，然後蹣

珊地走回到飯店房間，妻子打著哈欠，問他賭得怎麼樣，他回答：「還不錯，我損失了5美元。」

我們不僅在賭場和股票市場，以奇怪的方式對錢進行分類，並根據我們把錢放進什麼樣的心理帳戶，而對錢有不同的運用方式。例如，在去音樂會的路上丟了100美元門票的人，和在去買票的路上丟了100美元現金的人，前者比較不可能再買一張新的票。儘管在兩種情況下，再買票要花的錢是相同的。但前者傾向於認為娛樂帳戶支出200美元對他們來說太多，因此不去買新的票。而後者傾向於把100美元分配給他們的娛樂帳戶，而把弄丟的100美元分配到他們的「不幸損失」帳戶，然後會去買票。

在我不那麼謹慎的時刻（儘管不只有那個時候），我在心理上把這本書的版稅與我的WCOM虧損合併起來，寫這本書的部分緣由是我在WCOM上的投資虧損所促成的。就像公司會計一樣，個人會計也很複雜、且可以作假。也許問題更甚，因為個人與公司不同，我們的心理帳戶不用公開披露。

人們會有這些心理錯覺和其他認知錯覺，有幾個原因。其中一個因素是，它們會引發讓人節省時間和精力的捷思法則，因為在發生情況時，幾乎不用動腦，就可以做

出應變，讓人進入自動駕駛模式。這樣通常會更簡單些，而不用像是在有古怪的贊助者和被實驗者折騰的情況下，需要傷透腦筋來做選擇。人們會有認知錯覺的另一個原因是，在某種程度上，它們經過漫長的歲月已經深植人類的大腦裡。我們的原始祖先若注意到灌木叢中發出窸窸窣窣的聲音，最好趕緊逃跑，而不是還要用貝氏定理來計算條件機率，以確認灌木叢裡是否真的有威脅。

有時候，這些捷思法則會使我們誤入歧途，不僅在商業和投資中，而且在日常生活中也可能害了我們。例如，2002年秋季發生在華盛頓特區的狙擊手攻擊案件中，警方逮捕了一名擁有一輛白色箱型貨車、幾支步槍和一本狙擊手手冊的男子。當時認為只有一名狙擊手涉案，他擁有上述這些物品，這裡為了方便說明，我們假設這是實際的情況。[1] 有鑑於上述的合理推論，下面哪種假設的可能性更高：一、無辜的人擁有這些東西的機率，或者二、擁有這些東西的人是無辜的機率？在繼續讀下去之前，你可能想先暫停一下。

大多數人覺得這樣的問題很困難，但第二個機率會高

1　之後發現，這起連續狙殺事件是由一個成年人和一個未成年人開著藍色轎車所犯。

得多。為了讓你明白這一點，讓我編造一些看似合理的數字。華盛頓郊區大約有400萬名無辜的人，我們假設其中一人是兇手。讓我們進一步推測，有十個人（包括兇手）擁有上述三種東西。第一種情況：無辜的人擁有這些東西的機率，是9／4,000,000或約略為1／400,000。第二種情形：擁有這三樣東西的人是無辜的機率，是9／10。無論實際數字是多少，這些機率通常差距很大，若混為一談是很危險的（對被告而言）。

野獸、幸運之神與假象

在極端情況下，這些認知錯覺可能會導致封閉的思想系統，至少在一段時間內不會被修正和反駁。（奧地利諷刺作家卡爾·克勞斯〔Karl Kraus〕曾經說過：「心理分析就是它本身宣稱要治療的那個精神疾病。」）這對於市場來說尤其如此。因為投資者對股票的信念，或挑選股票的方法，可能會成為自我實現預言。市場有時就像一頭奇怪的野獸，即使沒有思想，也有自己的意志。研究市場，不像在研究科學和數學，後者的假設和定律（在相當不同的意義上）與我們無關。相反的，如果有足夠多的人突然意

識到要看好一檔股票，這檔股票就會因爲這個原因上漲，並證明他們的信念是正確的。

關於自我實現預言，有一個經過編造、但有趣的例子。有個很小的股友社，每週只有兩名投資者和十檔股票可供選擇。假設股友社正在考慮的十檔股票中，幸運之神每週會降臨在其中一檔股票上，並且讓股價飆漲，而該週其他九檔股票則在相當狹窄的區間內震盪。

其中一名投資者是喬治，他相信股價的變動在很大程度上是隨機的（在這種情況下是正確的），所以他用擲骰子來選擇十檔股票中的一檔（比如用二十面體的骰子，即骰子有二十個面，每個數字各寫在兩個面上）。假設另一名投資者瑪莎狂熱地相信某種古怪的理論：Q分析。每週Q分析的快訊，會從十檔股票中選出最有可能飆漲的一檔，因此她是根據Q分析來做選擇。儘管喬治和瑪莎每週選到幸運股票的機率相同，但快訊選擇的股票會比其他股票，更常為投資者帶來巨額的獲利。

原因很簡單，但很容易被忽略。一檔股票必須滿足兩個條件，才能為投資者帶來巨額的獲利：它必須碰巧在那一週受到幸運之神眷顧，而且得被其中一位投資者選上。由於瑪莎總是選擇快訊所挑的股票，所以就她的情況而

言，第二個條件總是符合。因此，只要運氣好，就能為她帶來巨額的獲利。但其他股票的情況並非如此。多數時候，幸運之神會眷顧沒有被快訊選中的股票，但喬治很可能不會選到那檔特定的股票，因此他很少賺到巨額的獲利。然而，在解釋這一點時必須要注意。喬治和瑪莎賺到巨額獲利的機會相同，十檔股票被幸運之神眷顧的機會相同（10％）。但由快訊挑的股票，會比自己隨機選擇的股票更常獲得巨額的獲利。

我們用數字再來解釋一次，這個說法是：10％的時間，快訊選擇的股票會為瑪莎帶來巨額的獲利，而十檔股票中，每檔股票都只有1％的機會，能帶給瑪莎巨額獲利**同時**被喬治選中。請注意，快訊挑的股票要獲得巨額的獲利，必須發生兩件事：瑪莎必須選擇它，這發生的機率為1，而且它必須是幸運之神選擇的股票，這發生的機率為1／10。因為要算出幾個獨立事件發生的可能性，我們需要把事件的機率相乘，因此這兩件事發生的機率是1×1／10，或是說10％。同樣的，以喬治的情形來看，任何特定的股票必須發生兩件事才有大漲的可能：喬治必須選擇該股票，這發生的機率為1／10，而且它必須是幸運之神眷顧的股票，這發生的機率是1／10，這兩個機率相乘

是 1／100，也就是 1％。

　　這個思想實驗中取決的因素沒有別的，只取決於兩名投資者。如果有 100 名投資者，其中有 50 個人盲目地聽從了快訊的建議，另外 50 個人隨機選擇股票，那麼快訊選擇的股票為其投資者帶來巨額獲利的頻率，會是任何特定股票的十一倍。因此，如果快訊挑的股票被幸運之神眷顧、能大賺一筆，此時將會有 55 位贏家，其中 50 位是快訊的信奉者，另外 5 位是隨機選到這檔股票的人。碰巧大漲的股票是快訊沒有選的其他九檔股票之一時，平均只有 5 名贏家。

　　這樣一來，如果對少數投資者和股票進行研究，就會產生強烈的錯覺，以為這種聽取快訊的交易策略是有效的，但實際上只是運氣的關係。

　　「資料探勘」，即對投資、股價和經濟數據的資料庫進行搜尋，尋找哪種策略會有效的證據，則是另一個例子，說明有限的調查會造成假象。問題是，如果你認真搜尋，總會發現看似靈驗的規則，在特定時間、或為某些產業帶來巨額的獲利。（事實上，在英國經濟學家法蘭克‧拉姆齊〔Frank Ramsey〕的啟發下，過去半個世紀，數學家已經證明了各種大筆的集合資料中，必然會有某種秩序

的定理。）這些人發表看似靈驗的規則，但其實他們與《聖經》密碼的信徒並無二致。後者也在尋找似乎重要的密碼預言，卻沒有意識到幾乎一定可以找到類似的「預言」。（就像你在一本有第十一章的書中，裡面恰好提到許多公司的破產情形，還要硬說這很靈驗。）[2]

人們通常會仔細研究價格和交易數據，試圖從中發現過去曾經有效的投資方法。1990年代中期，學者大衛・林韋柏（David Leinweber）詳盡地搜尋了聯合國光碟上的經濟數據，發現標普500指數的最佳預測指標是——讓我們敲鑼打鼓來宣布——孟加拉的奶油產量。不用說也知道，孟加拉的奶油產量無法蟬聯標普500指數的最佳預測指標。畢竟，樣本中發現的規則和規律若具有可信度，必須可以套用在新的數據之上。你總是可以武斷地定義一組股票，回過頭來看，它們的表現非常好，但這組股票能繼續有這樣的表現嗎？

我想起了哲學家納爾遜・古德曼（Nelson Goodman）為了不同目的所設計的著名悖論。他選擇了任意的未來日期，例如2030年1月1日，如果某物在2030年1月1日之

前是綠的，或者在2030年1月1日之後是藍的，就定義為
「綠藍色」（grue）。相反的，某物在2030年1月1日之前
是藍的，在這個日期之後是綠的，那就被定義為「藍綠
色」（bleen）。現在試想翡翠的顏色，到目前為止，所有
檢驗到的翡翠都是綠色的。因此，我們確信，所有的翡翠
都是綠色的。但是到目前為止，檢驗到的所有翡翠也都是
「綠藍色」。這樣看來，根據「綠藍色」的定義，我們應
該相信，所有翡翠從2030年開始就是藍色的。是嗎？

　　想當然會有的反對意見是，「綠藍色」和「藍綠色」
等顏色詞非常奇怪，因為要用特定時間來定義。但如果有
外星人說的語言裡有「綠藍色」和「藍綠色」等詞，他們
可以對我們提出同樣的批評。他們可能會爭辯說，「綠
色」是隨意選定的顏色詞，這個詞代表在2030年之前是
「綠藍色」，在那之後是「藍綠色」。對他們而言，「藍
色」這個字也同樣很奇怪，這表示在2030年之前它是
「藍綠色」，從那之後變成「綠藍色」。哲學家並沒有令
人信服地證明「綠藍色」和「藍綠色」這兩個詞到底有什
麼問題。但他們證明，即使是突然失去規律性，也可以透
過導入新的含糊之詞和特別限定的條件來解決。

　　探勘資料的人在拼命想發現關聯之時，有時會被「倖

存者偏差」所愚弄。以投資市場為例，在計算共同基金的平均報酬率時，倒閉的共同基金不會納入計算。如此一來，留下來的基金的平均報酬率就會高於所有基金都納入的情況，會有一些表現不佳的基金被淘汰，而另一些則與表現較好的類似基金合併。無論哪種情況，這種做法都會拉高過去的投資報酬率，並導致投資者對未來報酬更加樂觀。（倖存者偏差也適用於股票。長期下來，有些股票掛牌上市，也有股票下市，而唯有留下來的公司才會有績效數據。例如，WCOM 在 2002 年初急劇下跌後，就被標準普爾 500 指數給毫不客氣地剔除了。）

這種情況很像有些學校允許學生退選他們考不及格的科目。一般而言，有這種政策的學校的平均成績，高於不允許這種退選方式的學校。但這些誇大的平均成績，不再是衡量學生表現的可靠參考。

最後，從字面上來看，倖存者偏差使我們在面臨危機時更加樂觀。因為我們往往只看到在類似危機中倖存下來的人，而沒有熬過的人都銷聲匿跡了，因此更不容易看到。

股市互罵同學會

　　線上聊天室自然而然是觀察幻覺和認知扭曲的實驗室，儘管發言者的心理往往簡單粗暴、不會費解難猜。在我被世通迷住的時候，內心很煩惱洩氣，我花很多時間，偏執地在雅虎和財經網站「RagingBull」上，搜尋各種討論世通的文章。你只要簡單瀏覽一下這些網站，就會發現用股市互罵同學會來描述它們，應該更準確。

　　一旦有人使用了暱稱，他（我覺得使用男性代名詞十之八九是妥當的）通常會摒棄文法、拼寫和大多數傳統的禮貌談話標準，把其他人都說成是智障、白痴，甚至更難聽的字眼。如果版主提的是他在放空的股票（即賣出他沒有實際持有的股票，希望在價格下跌時能買回來賺價差），你需要很懂排泄物的典故和火星文，才能看懂他在寫什麼。若有人對自己賠錢表示痛苦，就會遭到網民無情的蔑視和諷刺，甚至還會有人要你考慮自我了結算了。2002年4月就有人揚言想自殺，哀嘆因WCOM賠掉了房子、家庭和工作，竟引起了這樣的回應：「你這個賠掉身家的可悲輸家，去死吧。你還是留個遺言，以免有關當局和你的妻子沒去看雅虎的聊天室。」

自稱是賣家的人通常（但不一定），比自稱是買家的人更會辱罵人。有些常上線的使用者，似乎真的對理性討論股票、傳遞資訊和交流預測感到興趣。少數人看似懂很多，他們喜歡談論各種古怪的陰謀論，包括常見的反猶太主義穢語。但更多人是股市小白，什麼都不懂。例如，他們會提出為什麼「本益比（P／E ratio）的P和E中間一定要寫個斜線」、「這裡的P，是指價格（price），還是利潤（profit）」這類的問題。線上聊天室也有很多與股票沒有直接關係的討論。我想起來有一次特別好笑，有一個人因為電腦壞了，打電話給電腦客服中心，結果是他把電腦和所有的周邊設備都插到他的延長線上，然後把延長線的插頭插在延長線的插座上，我都已經忘了大家原本是在討論哪家公司，然後扯到這件蠢事上。

當然，要從如此荒謬扭曲的討論文章中獲取建議很愚蠢，但這些網站的即時吸引力，類似於無意中聽到你感興趣的人的八卦消息。雖然內容可能是假的、編造的或誇大的，但仍然具有一定的吸引力。另一種比喻是像在聽警用無線電，可以感受到街頭的生死現場。

聊天室的網民會組成小團體，他們花很多時間去批評對立方（除了批評還是批評）。他們在自己的陣營裡，贊

同彼此眼中的真理，並抨擊其他人眼中的真理。因此，世通收購一家小公司、或在巴西的業務好轉時，都被他們認為是大新聞。但這都沒有像分析師將股票評等從強力買進、改為買進時那樣重要，反之亦然。如果你過濾掉充滿憤怒和粗話的文章，你會發現本書前面提到的大多數偏見經常出現，例如版主厭惡風險、受到人為數字的錨定影響、陷入思考迴圈，或相信資料探勘的說法，或以上皆是。

我瀏覽過的大多數討論區，理性文章的比例都高於世通的討論區。我記得瀏覽過安隆的討論區，並閱讀了有關假交易的謠言和最終曝光的會計假帳。不幸的是，由於總是有各種可以想像、相互矛盾的謠言（有時是由同一個人發布的），人們無法從謠言中得出任何結論，只能說它們可能會帶來希望、恐懼、憤怒和焦慮。

拉高出貨、做空與扭曲

這些謠言通常與利用人們正常心理反應的股市騙局有關。埃德溫·勒菲弗（Edwin Lefevre）1923年的經典作品《股票作手回憶錄》（*Reminiscences of a Stock Operator*）

中，記載了許多人們在股市中的反應，像是標準的「拉高出貨」就是非法的手段，而如今在網路上更出現了新的手法。少數人買進一檔股票，並開始吹捧（即拉高）這檔股票。然後，隨著股價因串通好的計謀上漲，他們就獲利賣出（出貨）。這種做法在牛市效果最好，因為此時人們最容易貪婪。而這招用在交易量少的股票上，也非常有效，因為少數買家就可以產生明顯的效果。

即使你單槍匹馬，若擁有快速的網路連線和好幾個不同的帳號，也可以用拉高來出貨。只要從線上券商那裡買一檔低價股，然後瀏覽討論該檔股票的聊天室，發表一些巧妙的暗示，或聲稱完全虛假的事情，然後用你的其他假帳號來支持自己的說法即可。你甚至可以運用不同的帳號來「一搭一唱」，每個帳號都表示看好該股票的前景。然後就等著它上漲，並在上漲時迅速脫手。

紐澤西州就有一名十五歲的高中生，在課後成功地拉高出貨而被逮捕。由於作手一般都會隱藏自己的身分，因此很難判斷這種手法有多普遍。我認為這種情況並不罕見，尤其是因為手法有程度上的差別，從有組織的詐騙電話，到傳統券商誘騙投資小白都有。

事實上，後者可能構成更大的威脅。股票分析師曾經

是受人尊敬的職業，對於大多數從業者來說，很可能仍然是如此。遺憾的是，由於投資銀行會替企業提供承銷、併購等有利可圖的業務，似乎有不少分析師希望從中賺錢。這誘使他們掩蓋了真正的分析結果，用「掩蓋」可能是好聽的說法，以免冒犯到他們正在分析和爭取業務的企業。2002年年初，美林證券的分析師在私下的電子郵件往返中，嘲笑他們公開吹捧的一檔股票，這些事情眾所皆知，還有其他六家券商也被指控有類似的不當行為。

更反映真實情況的是，國會傳喚所羅門美邦公司的紀錄顯示，在那些產生高額投資費用的公司，他們的高階主管往往**私下**收到從公司首次公開發行（IPO）而來的巨額資金。這些不對普通投資者開放的熱銷產品迅速升值，而這樣快速的銷售帶來了直接的利潤。據報導，埃伯斯在1996年至2000年期間收到了近100萬股的IPO股票，價值超過1,100萬美元。幾家大型券商與美國政府於2002年12月，宣布達成14億美元的和解協議。顯然，不是只有埃伯斯和所羅門美邦公司有這種私下交易。

現在回想起來，某些分析師給的股票評等也沒多可信，大概比電郵詐騙者好一點吧。在常見的電子郵件詐騙中，寫信的人自稱是奈及利亞政府官員，需要一點創業基

金。他們通常會說，這筆錢將使他們和（上當的）回信者分到巨額、但被凍結的外國帳戶資金。

在熊市裡，類似於拉高出貨的手法是**做空和歪曲事實**。此時不是先買進股票、加以吹捧，然後在股價上漲後賣出，而是在股價下跌時賣出股票、加以抨擊，然後在股價下跌後買進回補。

他們首先放空這檔股票。如前所述，這種做法是售出自己手上沒有的股票，希望等到要向券商償還借入的股票時，股價會下跌。（放空是完全合法的，而且在維護市場和限制風險方面也有一定的作用。）在放空後，作手以誤導誇大的方式抨擊該檔股票（即歪曲其前景）。他們散布虛假的謠言，說公司資產減計、出現無擔保債務、技術問題、員工士氣不佳、法律訴訟等問題。一旦股價因這個串通好的計謀下跌，他們再以較低的價格買回股票，賺取價差。

做空和歪曲事實與牛市時的其他手法一樣，對交易量少的股票最有效。在熊市中，由於人們容易受到恐懼和焦慮的影響，這種做法也最有效。線上作手與拉高出貨者一樣，會使用各種帳號，此時是為了製造錯覺，讓人覺得公司即將遭遇災難。與那些必須保持樂觀的做多者相比，做

空者對意見相左的投資者往往言詞更惡毒。同樣的，這種手法也有程度上的差別。但有時候，券商和避險基金的一些傳統做法似乎也與上述手法大同小異。

即使是像WCOM這樣的大型股（擁有30億股的流通在外股數），照理是不容易被炒作的，也還是受到禿鷹做空和扭曲的影響。那些幹這種勾當的作手，好比滿臉痘痘的邊緣人一樣招致大眾的厭惡。我並不懷疑在WCOM漫長的下跌過程中，有很多人放空它。不過，既然公司的假帳事件已經曝光，說是受到「做空和反應」（short and report）的影響還更能如實描述情況呢。

遺憾的是，在安隆、世通、泰科和其他公司發生醜聞之後，哪怕是一點點的風吹草動，投資者就可能緊張地先拋售，再來釐清問題。結果，許多有價值的公司遭受不公平的抹黑，讓他們的投資者蒙受不必要的金錢損失。

CHAPTER 03

趨勢、股民和波段

Trends, Crowds, and Waves

心理學作為股價的預測指標，最多就談到這裡了。許多投資者認同「技術分析」，這種方法通常透過線圖和走勢，來辨別市場的短期方向，然後制定出交易規則以跟隨趨勢。技術分析的擁護者並不完全是在做技術分析，更準確地說是在做「趨勢分析」。他們認為「趨勢是他們的朋友」，「動能投資」是有道理的，應該跟隨群眾。不論這些信念和一般技術分析的有效性如何（我很快就會談到這一點），我必須承認自己對此有種先天的厭惡。因為這似乎在建議從眾行為，也就是弄清楚群眾的去向，並跟隨其他投資者的方向。或許，正是因為這種厭惡，讓我無法賣掉 WCOM，並讓我不斷氣急敗壞地對自己說，公司是受到公關危機、投資者誤解、媒體抨擊、對執行長的憤怒、商業環境惡劣、時機不佳，或恐慌拋售等原因所拖累。簡而言之，我認為群眾是錯誤的，並且討厭必須服從大家的想法。然而，我慢慢地了解到，蔑視群眾有時只是狂妄自大。

跟著波浪買股票？

　　撇開我自己的偏見不談，技術分析的論理依據充其量

也是模糊的。就算技術分析有道理，很可能也是因為心理學的關係，或許部分來自凱因斯的想法，即預測一般人會推測的普遍意見。或者，可能受到某些尚未闡明的系統相互影響。「未闡明」是這裡的關鍵詞：技術分析中那些看似像數學的術語，很少像條理清楚的理論那樣合邏輯。我會從其中一個不太合理的代表性說法開始討論，即「艾略特波浪理論」（Elliott wave theory）。

拉爾夫・尼爾森・艾略特（Ralph Nelson Elliott）認為，市場以波浪的形式變動，進而讓投資者能夠預測股票的走勢。艾略特在1939年概述了他的理論。他寫道，股價會根據斐波那契（Fibonacci）數列（1，2，3，5，8，13，21，34，55，89……序列中接下來的數字是前兩個數字的總和），產生週期的變化。最常見的情況是，市場由於不明顯的心理或系統因素，會遵循五波上漲、三波下跌的價格波動形態。艾略特還認為，在不同的時間尺度上，都會有類似的模式出現，每個波段或週期都是較大波段或週期的一部分，而每個波段或週期又可以再細分成更小的波浪和週期。（替艾略特說句公道話，結構相同的大波段可以再分成小波段，這種想法確實預示著數學家本華・曼德博〔Benoit Mandelbrot〕更複雜的碎形概念，我稍後會

回來談這個概念。）因此，投資者運用斐波那契所啟發的規則，在上升的波段中買入，在下跌的波段中賣出。

　　然而，投資者試圖判定他們在波段中的位置時，問題就來了。因為該波浪勢必屬於另一個更大或更小的週期。而且，他們還必須判斷，這是否會暫時推翻了買進或賣出的信號。為了扭轉頹勢，理論中引入了一些複雜的因素。結果，複雜的因素多到這個理論很快就無法證明這個理論是錯的，這種複雜性和無法證明是錯的，讓人想起生物節律理論和許多偽科學。（生物節律理論認為，人的一生從出生開始，各個方面都遵循嚴格的週期循環，而且往往與數字23和28有關，分別是某種男性和女性的週期法則。）這也讓人想起了描述行星運動的古代托勒密體系（Ptolemaic system），不得不頻頻修正和加入例外情況，以便使該體系能夠符合觀測的情形。艾略特波浪理論跟大多數類似的方法一樣，在這個簡單的問題上就站不住腳了：為什麼有人會期望它有效？

　　當然，對於某些人來說，該理論的優勢，是斐波那契數列的神祕數學現象。也就是該數列中，任何兩個相鄰的數字據稱都有美學上迷人的關係。斐波那契數列在大自然中的例子，包括松果和鳳梨上的螺紋數目，植物的葉子、

花瓣和莖的數量，向日葵種子順時針與逆時針方向螺旋的排列數量，兔子繁殖的數量。此外，艾略特理論的支持者堅持認為，還包括股價的波動和週期。

把市場的瑣碎活動與數學的玄妙純淨結合起來，總是好不愜意。

市場中的「黃金比率」

在繼續討論不那麼無聊的金融理論之前，我請你思考金融數字密碼的一個全新實例。一名英國記者在電子郵件中告訴我，2002年3月19日，歐元兌英鎊和英鎊兌歐元匯率之間的有趣關聯。

要理解這一點，需要知道古典希臘數學中黃金比率的定義。（若你對希臘文、數學和金融的融合會感到有點吃不消，那你可能想跳到下一節。）如果一條直線上的一點，能把這條線分割成兩個線段，使得較長線段與較短線段的比率，等於整條直線與較長線段的比率，則該點稱為這條直線的黃金分割點。長寬呈黃金比率的矩形也被稱為黃金分割矩形。許多人認為這種形狀的矩形，例如帕德嫩神廟的正面，特別賞心悅目。請注意，3×5的卡片幾乎

是黃金分割矩形，因為5／3（或1.666……）大約等於（5＋3）／5（或1.6）。

黃金比率的數值用希臘字母phi來表示，為1.618……（該數為無理數，所以小數點之後有無限多個數字，並且不會循環）。不難證明phi有一個驚人的特性，它完全等於1加上其本身的倒數（用1除以某個數，即可得到它的倒數）。因此，1.618……等於1＋1／1.618……

這個奇特的事實，讓我們回到了歐元和英鎊的情況上。2002年3月19日，BBC的播報員觀察到1英鎊的匯率為1.618歐元。想不到吧，這意味著1歐元是61.8便士（0.618英鎊）。播報員接著說，這構成了「一種對稱」。這名播報員可能沒有意識到，這種對稱的意義有多麼深遠。

除了能在這種金融議題找出「黃金比率」之外，黃金比率和斐波那契數之間，還有以下著名的關係。斐波那契數列中，任何一個數字與前一個數字的比率都接近1.618……的黃金比率，而且涉及的數字愈大，這兩個數字的比率就愈接近黃金比率。再想看看，將斐波那契數列中（1，2，3，5，8，13，21，34，55……）兩個連續的斐波那契數相除，如5／3，8／5，13／8，21／13……依此類推，都會得到接近黃金比率的1.618……

不曉得在上述匯率巧合發生的時候，涉足貨幣的艾略特波浪理論家，對於這種貨幣與數學之間的美麗和諧，會做出怎樣的反應？一個肆無忌憚、但精通數學的騙徒，甚至可能已經從這種「玄妙莫測的」關聯中，編造了看似很有道理的瞎話來撈錢。

　　可以想像，這樁匯率事件可以構成如《死亡密碼》（*Pi*）這樣電影的基礎，因為關於phi有無數奇特的事實，可以為各種投資方法提供表面上的合理性。（這部電影的主角，是一位沉迷於數字密碼的數學家。他認為他在pi小數點後無限長的數字中，找到了幾乎所有事情的祕密，所以他被宗教狂熱分子、貪婪的金融業人士和其他人追捕。而片中唯一理智的角色──他的導師，中風了。全片採用高對比度的黑白影像，營造出不安的氛圍。雖然電影很吸引人，但這部電影從數學上來說並不合理。）可惜的是，對於投資者和數學家來說，得到的教訓是一樣的。要在華爾街賺錢，需要的不僅僅是美妙的和諧。此外，這部電影的英文名稱Pi也不符合希臘字母phi的數學特質啊![1]

1　希臘字母Phi（ϕ）和Pi（π）是兩個不同的字母，而且電影的劇情在討論黃金比率Phi（ϕ）（即1.618……），所以電影的名稱應該是Phi（ϕ）才對。

用均線，就能掌握買賣訊號？

　　人們有時會嘲笑技術分析和相關的線圖，包括我也是，然後在下一刻透露出（也許是不自覺）他們實際上受到這些想法左右。這讓我想起了一個老笑話，有個男人向他的醫生抱怨說，他的妻子多年來一直自認是一隻雞。他說原本應該早一點尋求幫助的，然後又說：「但我們需要雞蛋啊！」除了我們有時確實需要技術分析的概念外，我不對這個故事做過多解讀。最後，讓我繼續檢視當中的一些概念。

　　投資者自然希望能夠了解市場和特定股票的走勢，為此，移動平均線（moving average，簡稱均線）這個簡單的技術概念很有幫助。這個概念指的是，變數隨時間變化時（例如公司股價、密爾瓦基的中午溫度，或基輔的高麗菜成本），我們每天都可以算出，舉例來說，過去兩百天的平均值。這個變數序列中的平均值每天會不同，因此被稱為移動平均線。但均線的價值在於，它的移動幅度不如股價本身移動幅度那麼大，可以視為穩定的平均值。

　　舉例來說，想想看一家股價波動很大的公司的3日均線，其連續幾天的收盤價為：8，9，10，5，6，9。在收

盤價為10的那一天，其3日均線為（8＋9＋10）／3，也就是9。第四天的收盤價為5，其3日均線為（9＋10＋5）／3，也就是8。在收盤價為6的那天，其3日均線為（10＋5＋6）／3，也就是7。接下來，在收盤價為9的那天，其3日均線為（5＋6＋9）／3，也就是6.67。

如果股票以非常規律的方式震盪，並且你謹慎地選擇了週期，那麼均線可能幾乎沒有變動。試想一個極端情況，有一家公司的收盤價呈規律的震盪，然後我們來算其20日均線，其股價連續幾天分別是：51，52，53，54，55，54，53，52，51，50，49，48，47，46，45，46，47，48，49，**50**，51，52，53……每天都在50左右上下變動。數字以粗體標示的那一天，20日均線是50（取那一天在內的前二十個數字的平均值）。同樣的，接下來一天的股價為51，而當天的20日均線，還是50。接下來也是這樣的情形。事實上，如果股價以這種有規律的方式變動，每二十天重複一次，那麼20日均線一直會是50。

均線根據不同的計算定義，又可以分成好幾種（有些是對最近幾天股價分配了更多權重，另一些則考慮到股票不同的波動性），但這些定義都是為了緩和股價的日常波動，以便讓投資者了解更宏觀的趨勢。你可以參考軟體和

網站上的較長期均線，輕鬆地與股票的每日走勢進行比較。

技術分析師使用均線來設定股票的買賣規則。最常見的規則，是要你在股價超過 X 日均線時買進。X 的數值視情況而定，通常為 10 日、50 日或 200 日。相反的，股價低於 X 日均線時，則賣出。對於上述定期震盪的股票，採行該方法不會產生任何盈虧。因為收盤價的平均值從 50 變到 51 時，你就要買入股票；從 50 變到 49 時，你就要賣出。而在前述的 3 日均線範例中，規則是：你要在第三天結束時買入股票（收盤價為 10），並在第四天結束時賣出（收盤價為 5）。但在這個例子，按照規則操作是會讓你賠錢的。

不過，股價在長期向上或向下趨勢的波動中，均線可以發揮很好的作用。理由是，投資者應該遵循趨勢，一旦股價高於其 X 日均線，顯示股價開始走強。相反的，若股價跌破其 X 日均線，表示股價開始走弱。我重申，光是股價的向上（向下）走勢，不足以代表買進（賣出）的訊號，因為股票必然是在其均線上下波動的。

唉，如果我當初遵循均線的規則，早在損失大部分本金之前，我就會出清 WCOM，它慢慢地下跌了幾乎三年

的時間。事實上，如果當初我有運用均線，我打從一開始就不會買這檔股票。第一章提到的警衛，實際上就是用這樣的規則，來證明自己賣出退休金計畫中的股票是有道理的。

有一些研究顯示，均線的規則有時會有一定程度的效用，這一點我在後面會談到。然而，即便如此，均線還是有幾個問題。其中之一是，如果股價在均線附近徘徊，並上下多次盤整，這樣多次買賣恐怕會浪費你很多的交易手續費。因此，你必須修改規則，容許股價在均線上有相當幅度的波動空間。你還必須決定，是在當天收盤價超過均線平均值時買進，還是在第二天開盤或更晚的時候買進。

你可以挖掘大量有關股價的時間序列資料，找出遵循X日均線規則來買賣股票時，哪一個X值可以獲得最佳的報酬。或者，更複雜的運用方式是，你可以比較不同週期的均線，並在這些均線交叉時買進或賣出。你甚至可以設定X分鐘作為均線的週期，根據均線在數學積分上的含義（積分指將一系列的連續動作加總起來），運用在當沖交易上。人們在事後總是能找到最佳的策略，難就在於找到未來也一定會奏效的策略。事後諸葛大家都會，這也是人們對均線策略最為詬病的地方。如果股票市場有效率，也

就是說，假設一檔股票的資訊幾乎是立即反映在股價上，那麼任何股票的未來走勢都會被隨機的外部事件影響。一檔股票過去的股性，特別是它的均線，就不相關了，而它的未來走勢也無法預測。

當然，市場可能沒有那麼有效率。在後面的章節中，會談到更多這類的問題。

壓力與支撐的拉鋸戰

技術分析的另外兩個重要概念，是「壓力」和「支撐」。這種論點假設人們通常記得他們被燙到、被侮辱或被冷落的情況。特別是，他們記得自己為股票付了多少成本，或者說希望當初可以買進的成本。假設一檔股票有一段時間，股價都在40美元附近，然後跌至32美元，之後又慢慢漲上來。大多數在40美元左右買進的人會很不是滋味，急於彌補損失。因此，如果股價回升至40美元，他們很可能會賣出，從而再次推動股價下跌。所以說，40美元便為壓力，即股價進一步上漲的障礙。

同樣的，那些考慮在32美元買進，但沒有買進的人，會羨慕那些以該價格買進，並賺了25％的投資者。

他們渴望賺到這些獲利，因此如果股價回落至32美元，他們可能會進場，從而再次推動價格上漲。32美元則為支撐，讓行情不容易跌破。

由於股票經常在支撐和壓力之間盤整，因此技術分析師遵循的規則是：股價碰到支撐線「反彈」時買入，股票「碰觸」壓力線時賣出。當然，這條規則可以應用於整個市場，促使投資者等待道瓊指數、或標準普爾500指數確定上漲（或下跌）後，再來買進（或賣出）。

由於線圖專家傾向把支撐線視為不穩定、通常是暫時的地板，而把壓力線視為稍強、但仍然是暫時的天花板，因此有一個更令人信服的規則涉及到這些概念。這個規則教你在股價上漲突破壓力線時買進，並在股價下跌摜破支撐線時賣出。在這兩種情況下，股價突破都顯示，價格已脫離慣常的區間，所以該規則建議投資者跟隨新的趨勢。

與均線規則同樣的是，壓力和支撐規則也有褒貶不一的評價。有一些研究顯示，壓力和支撐規則有時會增加一定程度的報酬。另一方面，不贊同的論點仍然是澆人冷水的效率市場假說，即認為過去的價格、趨勢、壓力線和支撐線，並沒有提供未來走勢的證據。

這些規則有無數個版本，可以用更複雜的方式結合起

來。例如，壓力線和支撐線不是固定的水平價位，能在區間內向上或向下變動，或沿著均線向上或向下。或者，也可以增加其他規則，來考量股票波動性的變化。

而不同版本的規則，取決於股價的走勢形態，而且這些形態通常都取了讓人會心一笑的名稱。例如，「頭肩」形態是在延續上升趨勢之後形成的。它由三個山峰組成，中間最高的是頭部，較小的左右兩個山峰（即較早和較晚的）為肩部。在股價跌破右肩，並突破連接頭部兩側低點的支撐線後，股價已經反轉，此時技術線圖分析師會斷言，下跌趨勢已經開始，因此賣出。

類似的比喻還有「雙底」趨勢反轉。這是延續下降趨勢後的形態，由兩個連續的低谷或底部組成，之間有一個小高點。在從第二個底部反彈後，技術線圖分析師再次斷言，該股已經反轉，並開始上漲，因此要買進。

這些股票劇本都說得煞有其事，技術分析師滿腔熱血和深信不疑地在說這些劇本。然而，就算每個人都講相同的劇本（其實並沒有），就能代表他們說的是對的嗎？假設這些立論的基礎是心理學觀點，或者是社會學或系統性方面的理由，但究竟是什麼原則證明了這些信念？三底或四底就不行嗎？兩個頭和左右肩呢？或是其他無數同樣合

理、卻可笑的形態？什麼樣的心理、財務或原則的結合有足夠的精確性，能制定出奏效的投資規則？

　　與艾略特波浪一樣，規模會是一個爭論點。如果我們以價格波動中最小的升降單位來看，可以發現到處都有小型的雙底、小型的頭部和小型的肩部。而我們在宏觀的大盤指數走勢中，也會找到這些形態。這些形態對整個市場的意義來說，是否與它們據稱對個股的意義相同？2002年初談論的「雙底」衰退（double-dip recession）只是兩個底嗎？

「這真的可以賺到錢」

　　我經常聽到人們斬釘截鐵地說，他們可以用技術分析賺到錢。他們真的賺到錢了嗎？答案當然是，他們確實賺到了。人們使用各種策略來賺錢，包括用茶葉算命和觀測太陽黑子。真正的問題是：他們賺的錢是否比追蹤整個市場表現的無腦指數型基金**更多**？他們是否賺取了超額報酬？大多數金融理論家對此表示懷疑，但有一些誘人的證據證明，動能策略或短期跟風炒股是有效的。例如，經濟學家納拉辛漢・傑加迪什（Narasimhan Jegadeesh）和謝

里丹‧提特曼（Sheridan Titman）寫了幾篇論文，認為動能策略會帶來一定程度的超額報酬。而且因為多年來一直有這樣的表現，可見動能策略的成功並不是資料探勘的結果。雖然他們並沒有解釋，動能策略號稱的高報酬（當然，許多人對此表示質疑），到底是由於投資者的過度反應，還是因為公司財報的影響在短期內持續發酵。但他們確實指出與行為模型和心理因素有關。

此外，學者威廉‧布洛克（William Brock）、約瑟夫‧拉科尼沙克斯（Josef Lakonishok）和布雷克‧勒巴龍（Blake LeBaron）也發現了一些證據，顯示根據均線以及壓力和支撐概念進行操作，有一定程度的效用。他們專注於最簡單的規則，但許多人認為，他們的結論無法再運用到新的股票數據上面。

在麻省理工學院任教的羅聞全（Andrew Lo）和華頓商學院的克萊格‧麥金利（Craig MacKinlay）對於技術分析的可利用性，提供了更多支持說法。他們在著作《華爾街非隨機漫步》（*A Non-Random Walk Down Wall Street*）中主張，在短期內，整體市場的報酬確實略微正相關，如同當地的天氣一樣。一個炎熱、陽光明媚的日子之後，第二天很有可能又是個好天氣，就像股市裡一週的上漲行情

過後，接下來的一週更可能繼續上演上漲行情。同理，雨天和下殺行情會接踵而來。羅聞全和麥金利運用最先進的工具來研究。他們還聲稱，從長遠來看，預測會發生變化：個股價格呈現輕微的負相關。賺錢的股票更有可能在三到五年後，成為賠錢的股票，反之亦然。

他們還提出了一個有趣的理論可能性，這裡我們排除一些細節。為了便於討論，假設墨基爾（Burton Malkiel）經典著作《漫步華爾街》（*A Random Walk Down Wall Street*）中的論點是正確的（儘管羅聞全和麥金利不這麼認為），而且整個市場的走勢完全隨機。另外，還要假設，在單獨檢查個股的波動時，股價會隨機漲跌。但即使有這些假設，仍然有可能，比方說，5％股票的價格變動準確地預測到一週後其他5％股票的價格變動。

這種可預測性來自股票之間長期下來的交叉相關（cross-correlation）。（這些關聯不一定是因果關係，可能不過就是赤裸裸的事實罷了。）更具體來說，假設單獨檢視股票X時，股價每週隨機波動，股票Y也是如此。然而，如果本週X的股價經常預測到Y下週的股價，這就是一個可利用的機會，而嚴格的隨機波動假說也會是錯的。除非我們深入研究股票之間可能的交叉相關，否則我們所

看到的，只是由隨機波動的個股組成的隨機波動市場。當然，我採用了典型的數學策略來考慮極端的情況。但這個例子確實顯示，在看似隨機波動的市場中，可能存在相對簡單的秩序元素。

還有其他的股價異常現象，可以形成可利用的機會。其中，最著名的是日曆效果（calendar effect），即股價（主要是小公司的股票）在一月會狂漲，尤其是一月的第一週。（WCOM的股價在2001年1月大幅上漲，我當初希望這種上漲情況會在2002年1月再次上演，結果並沒有。）有一些研究，試圖引用在年關時處理股票可以節稅的論點，來解釋這種情況。不過這種日曆效果似乎也適用於稅法不同的國家。此外，不尋常的投資報酬率（好的或壞的）不僅發生在年初，也如同理查·塞勒等人所觀察到的情形，還有換月、換週、星期效應，以及假日之前的效應。同樣的，不為人知的行為因素似乎也與此有關。

技術策略和二十一點

大多的金融學者都相信某種形式的隨機漫步理論，並認為技術分析與偽科學幾乎沒有兩樣。因為偽科學的預測

要麼毫無價值，要麼比靠運氣強一點，再加上還要考慮到交易成本，所以更是不可取。我一直傾向於上述觀點，但我將更細膩的評論保留在本書的後面。同時，我想指出市場策略之一的技術分析，與二十一點之間的相似之處。（當然，兩者也有很大的差異。）

二十一點是賭場裡唯一的賭博遊戲，其結果取決於之前的結果。但在輪盤遊戲中，之前輪盤的旋轉結果不會影響到之後的旋轉結果，即使前五次轉出紅色，下一次轉出紅色的機率還是18／38。擲骰子也是如此，骰子完全不會有記憶。就算前四次都沒有擲出7，下一次用兩個骰子擲出7的機率仍是1／6。而輪盤連續出現六次紅色的機率為（8／38）^{6}，而骰子連續擲出五次7的機率是（1／6）^{5}，每次轉輪盤和每次擲骰子都與過去的結果無關。

然而，二十一點這個遊戲會受到過去結果的影響。從一副牌中連續抽到兩張A的機率不是（4／52×4／52），而是（4／52×3／51）。第二個因子3／51是指，在第一張牌抽到A的情況下，第二張牌又再抽到A的機率。同樣的，從一副牌裡抽出三十張牌的過程中，只出現三次人頭牌（騎士、皇后或國王），此時要再抽出人頭牌的機率不是12／52，而是機率高更多的9／22。

這種（有條件的）事實，即機率根據牌組剩下的牌而變化，是二十一點中各種算牌策略的基礎，包括記住每種花色的牌已經抽出多少張，並在局勢（偶爾和稍微）對自己有利時加碼。其中一些策略若仔細遵循，確實有效。比方說，賭場中的魁梧警衛，會突然免費護送成功的算牌高手離開賭場，就證明了這一點。

絕大多數嘗試這些策略的人（或者更糟糕的是，他們自創策略）都會賠錢。然而，因為多數二十一點玩家都會慘賠，就認為這證明了玩二十一點並沒有奏效的下注策略，這麼說並不對。

二十一點當然比股票市場簡單得多，因為後者受到更多因素的影響，也會受到其他投資者的行為和信念的影響。但是，就算沒有確鑿的證據證明各種投資規則的有效性（無論是技術分析，還是其他投資規則的效用），也不代表不存在有效的規則。畢竟，如果市場的走勢並不完全隨機，那就表示它有記憶性，而根據這種記憶的投資規則可能就是有效的。不過，假如大家都知道這些規則，它們是否會繼續有效呢？這就非常值得懷疑，但那又是另外一回事了。

耐人尋味的是，倘若真的存在著有效的技術交易策

略，那也不需要任何令人信服的理由，因為大多數投資者都會很樂意使用它。就像大多數二十一點玩家使用標準的算牌策略一樣，根本不用知道為什麼這個策略會有效。然而，對於那些願意研究二十一點的人來說，這當中有令人信服的數學解釋。相比之下，可能有人發現有效的技術交易策略，不僅是使用這種策略的人無法理解，而且也超出了每個人的理解範圍。這個策略可能就這樣發揮作用，至少是暫時如此。在柏拉圖的洞穴寓言中，愚昧的人只看到洞穴牆壁上的陰影，而沒有看到造成陰影的真實物體。但如果這些陰影真的可以預測未來，那麼投資者會單單對陰影感到滿意，並直接把洞穴視為不費吹灰之力就能賺錢的地方。

下一個章節有點在半開玩笑，提供了一個提示建議，讓人可以來制定全新、且違反直覺的投資策略。而其中就有一點技術分析的味道。

「把輸錢變成贏錢」悖論

有一個老笑話，說商店老闆每賣一次東西就虧一次錢，但是因為銷量大，利潤可以靠銷量彌補回來，這可能

有幾分道理。而西班牙物理學家胡安‧帕隆多（Juan Parrondo）提出的有趣新悖論，就讓人想起這個笑話。這個悖論是關於兩個遊戲，兩個遊戲都是慢慢以失敗收場。然而，這些遊戲以隨機順序連續進行，結果竟然是慢慢地會獲勝。賠錢的賭局串在一起竟產生了巨額獲利，確實很奇怪！

為了理解帕隆多悖論（Parrondo's paradox），讓我們從金融隱喻轉向空間隱喻。想像一下，你站在一道很長的樓梯的正中間，共有1001個階梯，編號從－500到500（－500，－499，－498……－4，－3，－2，－1，0，1，2，3，4……498，499，500），你就站在0號階梯上。在遊戲中，你希望能朝著樓梯往上走，而不是往下走，而你的移動方向取決於擲硬幣的結果。我們稱第一個遊戲為遊戲S，因為規則非常簡單（simple）。你擲一枚硬幣，如果人頭朝上，就往上走一步。假如數字朝上，就往下走一步。但是，這枚硬幣稍有偏頗，出現人頭的機率是49.5%，出現數字的機率則為50.5%。很明顯，這不僅是無聊的遊戲，而且是注定會輸的遊戲。如果你玩的時間夠久，你會上下移動一段時間，但幾乎肯定你最終會到達樓梯的底部。

第二個遊戲，讓我們繼續用富有詩意的話來形容，並稱之為遊戲C，因為這個遊戲比較複雜（complicated），所以請耐心聽我說。這次用到**兩枚**硬幣，其中一枚是壞硬幣，人頭朝上的機率只有9.5%，數字朝上的機率為90.5%。另一枚硬幣是好硬幣，人頭朝上的機率為74.5%，數字朝上的機率為25.5%。和遊戲S一樣，如果你擲的硬幣人頭朝上，你就往上走一步。假如數字朝上，你就往下走一步。

但是你要擲哪一枚硬幣？如果你所在樓梯的編號是3的倍數（例如−9，−6，−3，0，3，6，9，12……）就擲壞硬幣。假如你所在的階梯號碼不是3的倍數，就擲好硬幣。（請注意：更改這些奇怪的百分比和限制條件，可能會影響遊戲的結果。）

現在來看看遊戲C進行的情況吧。如果你在5號階梯上，就擲好硬幣來決定你的方向。假如你在6號階梯上，就擲壞硬幣。號碼為負數的階梯也是同樣的規則，如果你在−2號階梯上玩遊戲C，就擲好硬幣。假如你在−9號階梯上，就擲壞硬幣。

雖然沒有遊戲S那麼明顯，但遊戲C也是會輸的遊戲。如果你玩的時間夠長，最終幾乎一定會走到樓梯的底

部。遊戲C是一個會輸的遊戲，因為你所在的階梯號碼是3的倍數的次數超過三分之一，因此超過三分之一的時候，你都是在擲壞硬幣。請相信我說的話，或看下一段，你就更能了解當中的原因。

（假設你剛剛開始玩遊戲C，由於你在0號階梯上，而0是3的倍數，就擲壞硬幣，人頭朝上的機率小於10%，你很可能會向下走到－1號階梯。然後，因為－1不是3的倍數，所以你就擲好硬幣，人頭朝上的機率接近75%，因此你很可能會回到0號階梯。你或許會像這樣上上下下移動一段時間。然而，偶爾也會出現手氣差的情況，你擲出壞硬幣，結果數字朝上。你接著擲數字朝上幾乎僅有25%機率的好硬幣，結果竟連續兩次數字朝上，你就會向下走至－3號階梯。此時，手氣差的模式可能會再次出現。而剛才這個向下走的模式的發生機率為0.905×0.255×0.255，機率略高於壞硬幣罕見地出現一次人頭，接著好硬幣出現兩次人頭，後者的發生機率為0.095×0.745×0.745。後面這種手氣好的情況，可以讓你朝上走三個階梯。但若要更全面的分析，需要運用能預測未來結果的馬可夫鏈〔Markov chain〕。）

到目前為止，怎樣啊？遊戲S很簡單，結果是慢慢地

沿著樓梯，向下走到底部。而遊戲C很複雜，結果也會是慢慢地沿著樓梯，向下走到底部。帕隆多悖論十分有趣的地方在於，**如果你以隨機順序連續玩這兩個遊戲（在切換遊戲時，繼續站在上一局的位置），你會慢慢地上升到樓梯的頂部。**或者，如果你先玩兩局S，然後玩兩局C，再玩兩局S，以此類推。在切換遊戲時，始終站在上一局的位置再玩下去，你也將慢慢向上走到樓梯的頂部。（你可能想看一下艾雪〔M. C. Escher〕充滿矛盾的畫作《上下階梯》〔Ascending and Descending〕，這幅畫可以對帕隆多悖論，提供很好的視覺化模擬效果。）

當然，標準的股市投資不能用這種遊戲來模擬，但可以想見，能透過不同版本的遊戲，來構思出違反直覺的投資策略。比方說，我們可以把不同的商品組合在一起，畢竟不同投資標的（選擇權、衍生性金融商品等）各有其投報率。但是要模仿上面遊戲C中、決定要擲哪個硬幣（即哪個投資標的），看來必須取決於其他的條件，而不是根據某人的倉位價值是否為3美元的倍數（或3,000美元的倍數）。也許可以用其他的方式來決定，像是依據兩檔股票之間的交叉相關，或者依據某個指數的數值是否為3的倍數。

如果這樣的策略能夠奏效，有朝一日產生出的利潤可能就被稱為帕隆多利潤。

最後，讓我們考慮一個類似的悖論，姑且就稱為「把贏錢變成輸錢」。這或許有助於解釋，為什麼在1990年代後期、泡沫經濟期間，企業經常用天價收購小公司。耶魯大學教授馬丁·舒比克（Martin Shubik）經常在課堂上，向學生拍賣1美元，競標的最小單位為5美分，出價最高的人當然可以獲得那1美元，但最高出價者和出價第二高的人都必須付出自己喊的價碼。因此，如果最高出價是50美分，而你出價45美分為次高，那麼出價最高者將在這筆交易中賺到50美分。一旦競價停止，你將損失45美分。所以，你就有動機把你的出價提高到至少55美分，但在你這樣做之後，另一個出價者也有更大的動機提高他的出價。這樣一來，一張1美元的鈔票可以成功地以2美元、3美元、4美元，或更高的價格拍賣出去。

如果有幾家企業正在競標一家小公司，而收購該公司所需的成本，如事前的法律、財務和心力付出，是收購該公司的合理成本，那麼情況就類似於舒比克的拍賣。一家或多家企業進行競標時，可能被迫提出先發制人的優渥價碼，以避免落入1美元競標中輸家的命運。而世通在2000

年以60億美元收購了虛擬主機服務供應商Digex，我懷疑就是這樣的出價情況。約翰・西格摩（John Sidgmore）後來接任埃伯斯，成為世通的執行長。他表示，Digex的價值不超過5,000萬美元，但埃伯斯執意要擊敗環球電信公司來收購Digex。

這個收購案比帕隆多悖論離譜多了。

CHAPTER 04

巧合和效率市場

Chance and Efficient Markets

如果股價的變動是隨機的，或接近隨機，那麼技術分析工具只不過是哄人的廢話，給人掌控的錯覺和專業術語的樂趣。對於那些傾向把隨機事件賦予個人意義的人來說，技術分析工具特別有吸引力。

　　而且，甚至是社會科學家也沒有察覺到，如果你從人數非常多的群體中，搜尋兩個隨機選擇的屬性，你可能會發現一些很小、但有統計意義的關聯。無論屬性是種族和臀圍，還是（一定程度的）焦慮和髮色，或者是每年消耗的甜玉米數量和上過的數學課程數量，都可以發現到有統計意義的關聯。

　　儘管這種相關性具有統計意義（事情不太可能是巧合發生的），但由於存在太多的干擾因子，這種統計意義可能沒有實際的意涵。此外，這種相關性不一定能證明伴隨而來的（通常是特別指定的）情況，比如：解釋為什麼吃大量玉米的人，會修比較多的數學課。畢竟，人們總是找得到看似合理的說法，像是：吃玉米的人更有可能來自美國中西部北區（Upper Midwest），而那一帶的人輟學率很低。

「我本來應該非常、非常有錢……」

隨著股市漲漲跌跌，人們容易編造出假設的故事，來滿足各種需求和擔憂。在1990年代的牛市期間，投資者往往把自己視為「敏銳的天才」。而在最近的熊市中，他們則把自己貶為「愚蠢的白痴」。

我的家人也會忍不住事後諸葛，談論過去的財務獲利和虧損。我還小的時候，祖父會給我講各式各樣趣聞軼事，來逗我開心，包括他在希臘的童年、他認識的怪人、芝加哥白襪隊的功績和他們難纏的二壘手「福克斯·尼爾森」（他的真實名字是尼爾森·福克斯〔Nelson Fox〕）。我的祖父很健談、風趣，而且很有主見。然而，他只有幾次簡單地提到了影響他晚年生活的經濟變故。他是沒有受過教育的年輕移民，並在餐廳和糖果店工作。多年來，他設法買下了兩家餐廳和八間糖果店。由於他的糖果店需要糖，這導致他最終在糖市上進行投機交易，但他細節總是講得有點含糊，說什麼重押了幾輛裝滿糖的火車車廂。他顯然在糖市崩盤前幾週，把身家都投進了這筆交易。另一個故事版本，是他把賠錢歸因於這批糖所投的保險不夠。總之，他輸掉身家，也沒有東山再起。我記得他傷心地

說：「小約翰，我本來應該會是非常、非常有錢的人，早知道就不這麼做了。」這個故事的細節當時讓我印象深刻，我最近在世通的投資經驗雖然沒有那麼不幸，不過也讓我對祖父的痛苦更能感同身受。

人們天生有這種威力強大的傾向，在許多不同層面上給隨機事件賦予意義，而有些人會把這些事件講得煞有其事，使我們容易受到他們的影響。例如在羅夏克墨漬測驗（Rorschach test）中，[1] 我們經常看到我們想看到的東西，或是商業預測師會牽著我們的鼻子走，他們與嘉年華通靈師的區別，僅僅在於兩者的收費不同。無論是否合理，他們的自信都令人信服，尤其在沒有太多「事實」的情況下。這可能就是為什麼，股市名嘴看起來比體育評論員更有把握，因為相對而言，體育評論員會坦承運氣扮演很大的作用。

如果地上有100美元鈔票……

效率市場假說可以正式追溯到1964年尤金・法瑪

1　一種人格測驗，受試者會被要求回答他們認為從圖片中看到什麼，進而挖掘出潛意識裡的思想、態度等人格特點。

（Eugene Fama）的論文，以及榮獲諾貝爾獎的經濟學家保羅·薩繆爾森（Paul Samuelson）等人在1960年代的研究。然而，這個假說的淵源可以追溯到更早，即路易·巴舍利耶（Louis Bachelier）在1900年發表的一篇論文，他的老師是法國偉大的數學家亨利·龐加萊（Henri Poincare）。該假說認為，不管什麼時候，股價都反映了股票的所有資訊。法瑪這麼說過：「在效率市場中，眾多精明參與者之間的競爭會導致一種情況，即在任何時間點，根據已發生事件、或市場預期將來會發生的事件，任一股票的實際價格，都反映出訊息造成的影響。」

該假說有多種版本，取決於要假定哪些資訊會反映在股價上。「弱式效率市場假說」認為，關於過去市場價格的資訊都已經反映在股價上。這樣的結果是，第三章討論的技術分析規則和形態都是沒用的。更進一步的「半強式效率市場假說」認為，關於公司的所有公開資訊都已反映在股價上。這樣的結果是，第五章討論的營收、利率等基本面分析要素是沒用的。最強勁的「強式效率市場假說」認為，所有類型的資訊都已經反映在股價上。這樣的結果是，即使是內線消息也是沒用的。

也許正是最後這個相當可笑的假說版本，產生了一則

笑話：有兩個效率市場理論家走在路上，他們在人行道上發現了100美元的鈔票，並直接走過去。理由是，如果那真的是100美元鈔票，早就被人撿走了。當然，還有市場必定會出手的燈泡笑話：請問，要多少個效率市場理論家才能換一個燈泡？答案：一個也不用。如果需要換燈泡，市場自然早已換好了。效率市場理論家傾向於相信被動投資，例如規模龐大的指數型基金，這種基金追蹤特定的市場指數，像是標準普爾500指數。先鋒集團（Vanguard）創辦人約翰・柏格（John Bogle）想必是效率市場的信徒，他是第一個向普通投資大眾提供這種基金的人。他的先鋒標普500基金是無人管理的，提供廣泛的分散投資，收取非常低的費用，並且績效通常優於更昂貴的主動型管理基金。但是，要投資這檔基金確實要付出代價：投資者必須放棄扮演敏銳的神槍手，拋開自己可以戰勝股市的幻想。

為什麼這些理論家相信市場有效率？他們指出，各種類型的投資者都想要透過不同策略來賺錢，哪怕是任何與公司股價沾得上邊的資訊，都會被這些投資者嗅出，並緊咬著不放，因而迅速推動股價上漲或下跌。透過這群投資軍團的行動，市場迅速對新資訊做出反應，有效地調整股

價來回應。所以接下來的發展是，利用技術規則或基本面分析賺取超額利潤的機會，在它們被充分利用之前就消失了。而追求這些機會的投資者，特別是在納入券商費用和其他交易成本之後，將看到他們的超額利潤縮水至零。再次強調，技術面或基本面分析的認同者並不是賺不到錢，他們通常會賺到錢的，只不過他們賺得比標普500指數少。

　　（而且，可利用的機會往往會逐漸消失，這是整個經濟學和各種領域的普遍現象。試想一下史蒂芬・傑依・古爾德〔Steven Jay Gould〕在他的著作《生命的壯闊》〔*Full House: The Spread of Excellence from Plato to Darwin*〕，提出的棒球論點。他堅持認為，自1941年泰德・威廉斯〔Ted Williams〕繳出0.406的打擊率後，多年來都沒有出現打擊率超過四成的打者，這並不是因為球員的能力下降，反而是因為：所有球員的運動能力逐漸提高，因此最差和最好的球員之間的差距隨之縮小。一旦現今的球員都如此有運動天分和訓練有素，打擊率和投手防禦率的分布圖所顯示出的變化就不大了。打者很少會碰到「容易對付的」投手，而投手也很少會碰到「容易對付的」打者。其中之一的結果是，現在出現四成的打擊率極

為罕見，打者和投手的運動實力使他們之間的「市場」更有效率。）

此外，效率市場假說與股價隨機變動的說法，這兩者存在密切的關聯。畢竟，如果目前股價已經反映了所有可用的資訊（也就是說，這些資訊是第一章提到的共識），那麼未來的股價必定是不可預測的。因為投資者已經衡量和回應任何可能與預測未來股價相關的資訊，他們的買賣動作已調整了現在的股價，以反映這些資訊。奇怪的是，隨著市場更有效率，也往往更難預測。未來會影響股價的，是真正的新狀況（或舊狀況出現新變化），而這些資訊想當然無法預測。結論是，在效率市場中，股價隨機上下波動。股價對過去沒有記憶，採取隨機漫步的形式，股價每一次的變動都與過去的變化無關。然而，長期下來，會出現上升趨勢，就像在擲的硬幣略有偏頗一樣。

有一個我一直很喜歡的故事，是與無法預測新的狀況有關。有一名大學生在給母親的信中，寫到他上完了速讀課，他的母親回給他一封冗長、閒話家常的信，在信的中間她寫道：「既然你已經上了速讀課，你現在可能已經讀完這封信了。」

同樣的，真正的科學突破或應用，顧名思義，是我們

無法預見的。如果有人在1890年，期望報紙頭條宣布「只剩十五年就會有人提出相對論」，那就太荒謬了。而效率市場理論家反覆地說，要在公司的商業環境中預測變化，也是同樣荒謬的。如果這些預測的看法一致，那麼情況早就說明會有這些預測了。假如預測的看法不一致，就相當於在預測擲硬幣的結果。

　　無論你對這個主題有什麼看法，墨基爾的《漫步華爾街》以及其他有關效率市場的論點，都不至於錯得離譜。畢竟，大多數共同基金經理人的績效表現，平均起來仍舊低於先鋒標普500指數基金。（這在我看來，一直是相當丟人現眼的事實。）此外，還有其他證據顯示，市場**相當**有效率，無風險獲利或套利的機會很少，股價似乎會根據新聞迅速調整，而且股價每天、每週、每月和每年的自相關性（autocorrelation）很小（雖然不會是零）。也就是說，就算市場在過去的某段期間內表現很好（或很糟），也不代表它在下一段期間就有很大的機率會表現很好（或很糟）。

　　儘管如此，在過去的幾年裡，我已經修改了我對效率市場假說和隨機漫步理論的看法，其中一個原因是安隆、有線電視公司Adelphia、環球電信、奎斯特國際通訊公司

（Qwest）、泰科、世通、安達信會計師事務所和許多美國企業的會計醜聞，讓人很難相信，股票的可用資訊很快就能成為共識。

賭徒謬誤

《華爾街日報》曾以定期舉辦股票擂台賽聞名。一方的參賽者是股票分析師，他們根據自己研究的結果，輪流選股，另一方的參賽者用擲飛鏢的方式隨機選股。在許多場為期六個月的比賽當中，比起飛鏢組的選擇，專業分析師的選擇表現略勝一籌，但沒有大幅勝出。此外，有人認為，專業分析師的選擇可能會促使其他人買進相同的股票，從而推高股價。另一方面，共同基金的波動性雖然比個股小，但表現也不怎麼給分析師面子，時常在該年績效排行前25％，但第二年就滑落到吊車尾的25％。

無論你是否相信效率市場和股價的隨機變動，都不能否認市場中存在極大的巧合因素。因此，檢視隨機的行為可以解釋許多市場現象。（或者，像是研讀謝爾登・羅斯〔Sheldon Ross〕出的好幾本機率的教科書也有幫助。）我們可以從雞蛋水餃股，或者更容易買到、也更隨機的1

美元以下的股票，來觀察市場的隨機行為。所以，讓我們想像反覆擲1美分硬幣，把人頭和數字的順序紀錄下來，並假設這枚硬幣和拋擲行為是公平的。（不過如果我們願意，可以在1美分硬幣上動點手腳，以反映市場長期下來會稍微上漲的傾向。）

這樣連續地擲硬幣有一個奇怪、但鮮為人知的結果。那就是人頭朝上的次數超過數字朝上的次數，兩者的**比率**很少會接近50％！

爲了說明這一點，想像有兩位參賽者亨利和湯米，每天擲硬幣一次，亨利打賭是人頭，湯米打賭是數字，這種儀式持續了多年。（不要問為什麼。）如果到了指定的那天，人頭出現次數多於數字，那麼是亨利領先。相反的，假如到了那天，數字出現次數比較多，那就是湯米領先。這個硬幣是公平的，所以他們可能領先的機率相同，但其中一個人可能會在這個相當乏味的比賽中，多數時候都處於領先。

用數字來敘述情況，如果擲硬幣1,000次，那麼很可能亨利（或湯米）會一直領先。比如說，其中一人96％的時候都領先的機率，大於其中一方在48％到52％的時間都領先。

人們很難相信這個結果，所以有很多人會認同「賭徒謬誤」（gambler's fallacy），並以為硬幣若偏離了人頭和數字各一半的機率，之後會像橡皮筋般反彈回來，也就是誤以為偏離中間值愈厲害，之後回到各一半的均衡狀況的力道就會愈大。但即使亨利遙遙領先，以525次的人頭贏過湯米的475次數字，他的領先優勢可能會擴大，也可能會縮小。同樣的，一檔真的是隨機變動的股票很可能會進一步下跌，也可能會上漲。

　　雖然換人領先的情況很少見，但這與隨著拋擲次數增加，人頭朝上的比例接近二分之一的事實絕不矛盾，也沒有牴觸均值回歸的現象。如果亨利和湯米重新開始，再擲硬幣1,000次，人頭出現的次數很可能會小於525次。

　　縱使亨利和湯米在擲硬幣比賽中，逆轉勝超越對方的情況相對罕見，但如果他們其中一個人被認為是「贏家」，而另一個人被看成是「輸家」，也並不令人訝異（雖然他們完全無法控制這枚1美分硬幣）。比方說，假如一位股市名嘴以525比475的差距勝過另一位名嘴，前者甚至可能會被財金雜誌採訪，或《財富》雜誌替他做人物專訪。然而，他可能像亨利或湯米一樣，把他的成就歸功於，恰好在原本應該是各一半的機率上「走運了」。

但是像股神巴菲特這樣出色的「價值型投資者」呢？他的成就非凡，就像彼得‧林區（Peter Lynch）、約翰‧聶夫（John Neff）等人一樣，經常被當作反對市場隨機論的論證。然而，這是在假設巴菲特的選擇，對市場沒有影響。很可能在一開始的時候，巴菲特選擇的股票對市場沒有影響，但現在他選擇的股票，以及他的選股所創造的綜效作用，可以影響到其他人。因此，他的績效也就沒有最初看起來那麼亮眼。

另一個不同的論點指出，如果某些股票、基金或分析師在很長一段時間內都表現優異，僅僅是碰巧罷了。例如，在1,000檔股票（或基金，或分析師）中，大約有500檔股票據信明年的表現會超越大盤，但這可能僅僅是因為巧合，就像擲硬幣的情形。在這500檔股票中，大約有250檔或許會在第二年繼續表現優異。而在這250檔股票中，大約有125檔可能繼續這種模式，連續三年表現良好，但這也只是巧合。如果繼續這樣進行下去，我們可以合理地期望在連續十年中，這1,000檔股票（或基金，或分析師）中，有一檔股票僅僅是碰巧連續十年表現優異。同樣的，在商業媒體中，某些人可能會對這種表現大加讚賞。

連續出現人頭或數字的時間和頻率驚人，這又是一個擲硬幣的寶貴經驗。如果亨利和湯米繼續每天擲硬幣一次，那麼大約兩個月內，亨利和湯米都有高於50％的機會，連贏至少五次。假設他們繼續擲硬幣六年，那麼每個人很有可能會連贏至少十次。

　　假如人們被要求寫下連續的人頭和數字情形，來模擬連續的擲硬幣結果，他們大多不會寫到很多次的連續人頭或連續數字。特別是，人們不會寫到非常長時間的連續人頭或數字，因此這些人為的紀錄很容易與擲硬幣的真正結果有出入。

　　但請試著告訴人們，無論連勝的情況是籃球運動員的投籃、股票分析師的選股，還是一連串擲硬幣的結果，長期的連勝情況僅是因為巧合。事實上，隨機事件經常看起來很有秩序。

逮到合理的猜測，就跟擲硬幣一樣簡單

　　為了從視覺上來搞懂這一點，請拿出一張大紙，把它分成棋盤式的小方塊。接著，反覆地擲一枚硬幣，並根據硬幣是人頭還是數字朝上，把方塊塗成白色或黑色。一旦

你把棋盤填滿後，再看一遍，檢查是否能發現任何圖案或顏色類似的方塊群組。你可能會發現有類似的圖案，然後如果你覺得有必要解釋這些圖案，就會編造出乍聽之下很合理、或耐人尋味的故事。但有鑑於顏色是根據擲硬幣來決定的，所以這個故事肯定是假的。

如果你要繪製擲硬幣的結果（以橫軸為時間），向上一個單位表示人頭，向下一個單位表示數字，也會同樣產生圖案的錯覺。一些線圖專家和技術分析師很可能會從這些上上下下、鋸齒狀的走勢中，看到「頭肩」、「三頂」或「上升趨勢通道」，他們會滔滔不絕地說明這些圖形的意義。（但擲硬幣和股票隨機走勢模型之間的差別在於，在每單位時間內，實驗時擲硬幣來決定往上或往下的步數會是固定的，而股票隨機走勢圖裡畫的卻是股票的漲跌幅度。）

同樣的，先拋開市場是否完全有效率，或股票走勢是否遵循隨機漫步等問題，我們仍然可以說，真實的隨機現象往往與真正的市場行為沒有區別。這一點理應讓股市名嘴停下來仔細思考（但是可能很難做到，所以他們仍從每次的反彈、拋售等諸如此類的事件，提供巧妙的事後解釋。）這樣的名嘴通常不會說出以下的言論：觀測的結

果，是硬幣碰巧人頭朝上的次數，比數字朝上多了幾次。相反的，他們會提到湯米的獲利、亨利的信心增加、挖礦業的人力問題等無數因素。

因為有太多的資訊可以利用，例如財經版新聞，公司的年報、盈收預期、涉嫌的醜聞、網路上的消息和評論，人們總是可以說出聽起來頗有見解的話。我們只需要篩選海量的數據，直到我們逮到看似合理的猜測，這麼做就像擲1美分硬幣一樣輕鬆簡單。

入會就可以拿到飆股明牌？

世通、安隆和其他公司的會計醜聞，源自於數據經過人為挑選、拼湊和刪改。而我在著作《數盲》中第一次討論的詐騙手法，則是**收件人**得到的股票資料是經過篩選、硬拗和人為過濾後剩下來的。手法是這樣的：有個人自稱是握有**飆股明牌**的老師，他在高檔地段租了一個郵箱，製作了昂貴的成套信紙信封，然後給潛在的會員寄信，吹噓他有先進的選股軟體，也具備敏銳的市場眼光和華爾街人脈。他還寫了他驚人的績效紀錄，但指出收信人不需要相信他的話。

假設你是其中一名收件人，並且在接下來的六週內，收到了對某個常見的美股大盤指數的正確預測，你會加入會員嗎？如果你連續收到十次正確的預測呢？

　　接下來是詐騙的部分了，這位股市老師寄出了6萬4,000封信給潛在的會員。（使用電子郵件的方式可以節省郵資，但可能看起來像「垃圾郵件騙局」，因此可信度較低。）他向其中3萬2,000名收信人預測該指數將在下週上升，但向另外3萬2,000名收信人預測將下跌。無論下週該指數發生什麼變化，他都會對3萬2,000人做出正確的預測。接著，他再向其中的1萬6,000人發送另一封信，預測下週指數將上升。然後，對另外1萬6,000人預測指數會下跌。同樣的，無論下週該指數如何變化，他都將連續兩週對1萬6,000人做出正確的預測。他向其中的8,000人寄出了第三封信，預測第三週指數會上升，並對另外8,000人預測指數會下跌。

　　在每個階段，他都把重點放在那些只收到正確預測的人，並剔除其餘的人。然後不斷重複這個過程，直到剩下1,000個人，他已經對這些人連續做出了六個正確的「預測」。他向這些人寄了另一封不同的後續推銷信，指出他的成功預測，並說如果他們付1,000美元加入會員，就可

以繼續收到這些睿智的預言。假如所有人都付了錢，那就等於把100萬美元，給了某個對股票、指數、趨勢或股息一無所知的人。如果這是在有心的情況下做的，那就是非法的。但是，假如是由認真、自信卻愚昧的股市老師，在未覺察的情況下做的呢？（對照一下用宗教靈修的方式來醫病的人，患者若巧合地情況有所改善，他們都可以居功。）

市場非常複雜，有如此多不同的成效衡量標準和編造故事的方式，以至於大多數人都可以想辦法說服自己，他們已經、或將要非常成功。甚至，如果人們到了孤注一擲的地步，他們會設法在隨機事件中，找到看似有脈絡可循的東西。

另一個故事與飆股明牌詐騙類似，但略有不同，是我認識的一個人告訴我的，他說了他父親的生意及其悲慘的收場。他聲稱，幾年前，他的父親在一個南美國家經營大型的大學升學諮詢機構，是哪個國家我忘了。我朋友的父親在廣告中說，他知道如何大幅提高申請者進入國立知名大學的機會。他的父親暗示自己有內部關係，並聲稱了解各種表格、截止日期和程序，因此對外收取高昂的費用，並向未被錄取的學生提供退款保證，來證明收費昂貴是合

理的。

有一天，他的商業模式祕密曝光了。有人在垃圾堆裡發現，多年來申請的學生寄給他的資料都沒有被拆開來過。調查結果顯示，他只是在收學生的錢（或者更確切地說，是他們父母的錢），他什麼事都沒有做。訣竅在於，他的費用很高，他的行銷策略很有針對性，以至於只有富裕父母的孩子才使用他的服務，而且幾乎所有人不管怎樣都會被大學錄取。他只要退費給少數沒有被錄取的人。最後，他也因此鋃鐺入獄。

券商和這個人的父親是在做同樣的勾當嗎？或者，股票分析師與報明牌的股市老師是在做同樣的勾當嗎？不完全是，但能證明他們有什麼厲害的預測能力的證據非常少。這就是為什麼，我認為2002年11月，有一篇在講紐約州檢察總長艾略特·史必哲（Eliot Spitzer）批評《機構投資者》（Institutional Investor）雜誌所頒發的分析師獎的報導，是有點多餘了。史必哲指出，大多數獲獎分析師的選股表現實際上相當平庸。也許開賭場的川普也來召開記者會，指出美國的頂尖賭徒在輪盤上並沒有特別厲害好了。

把勢力擴展到華爾街的十進位制

造市商（他們從股票的買賣價差中獲利）與分析師和券商一樣，近年來受到許多批評，所以一場改革悄悄地上演，使市場的效率提高了一些。在國會的授權和SEC的直接命令之下，華爾街在幾年前不得不徹底改用「小數點進位制」。從那時起，股價就以美元和美分來表示，所以我們再也不會聽到「投資人獲利了結，推動XYZ股票下跌二又八分之一塊錢」或「商業協議的消息，使PQR股票上漲四又十六分之五塊錢」。

儘管改成下跌2.13美元和上漲4.31美元比較沒有情調，但是出於多種原因，採用十進位制是有意義的。首先是，價格上漲和下跌可以立即進行比較，因為我們不再需要計算麻煩的算術，比如用11除以16。用心算得出兩個十進位數字之間的差值，通常比計算 $(5\frac{3}{16} - 3\frac{5}{8})$ 來的更快。另一個好處是，全球統一報價的方式，因為美國證券現在與世界其他國家一樣，採用相同的小數點進位制報價，外國的證券不再需要四捨五入到最接近十六分之一的近似數了。如果在以前，計算起來就很麻煩。

更重要的是，買入價和賣出價之間常見的價差因而縮

小。在許多情況下，原來的十六分之一（即0.0625）價差，現在可以變成0.01，並且透過縮小價差，多年下來能為投資者節省數十億美元。除了造市商之外，大多數投資者都對這個結果表示讚賞。

要替這種改變叫好的最後一個原因，就更有數學上的意義了。從某方面來說，舊制的二分之一、四分之一、八分之一和十六分之一，是更天然存在、非人為的系統。畢竟只是對二進制系統稍做改進，建立在2的次方（2，4，8，16）之上，而不是10的次方之上。然而，這樣完全沒有承接到二進制系統的威望，因為這樣彆扭地把股價中，以2為基礎的分數部分與以10為基礎的整數部分結合起來。

因此，十進位制把勢力範圍擴展到了華爾街。從《聖經》中的十誡，到美國脫口秀主持人大衛・賴特曼（David Letterman）節目的招牌單元「十大排行榜」（Top 10 List），數字10隨處可見，這與人們長期嚮往乾脆俐落的公制是有些關係的。而喜歡用10，也與理性和效率有關。因此，所有股票現在都用小數點進位制很恰當。不過，我猜想許多市場老手還是懷念那些麻煩的分數，以及在他們過去大撈一筆和輸到脫褲子的故事中，分數所扮演

的作用。除了X世代的人（X是羅馬數字的10）之外，許多人也會懷念過去的方式。反正，這是我對這個話題的淺見。

重大的交易變革

而在證券交易所和商店裡，用歐元代替馬克、法郎、希臘用的德拉克馬和其他歐洲貨幣，這又是一個進步的措施，但仍會讓人回憶過往。我亂放在抽屜裡的那些過去出國用的硬幣和鈔票突然就沒用了，再也不會出現在錢包中。

不過，另一個重大的交易方式變化，是投資者變得更加獨立自主。比方說，伊利諾伊州比爾德斯鎮（Beardstown）的一群婦女自發組成投資俱樂部，並讓投資俱樂部變得盛行。儘管後來被人發現，她們最初用錯了會計計算方式，讓大眾以為她們獲得了超高的年化報酬。另一個更顯著的變化，是出現了輕鬆容易的線上交易，進一步加速了傳統券商的衰退。我只要點擊簡單易懂的圖示，就可以進行買賣（我還特別賣出表現不錯的基金，買入更多WCOM股票），這種輕鬆程度總是有點嚇人。有時候我覺

得，我的桌上好像有一把上膛的槍，逼著我進行交易。有一些研究認為，線上交易和當日沖銷，與1990年代後期的波動性增加有關。儘管不清楚在2000年代，這些是否仍是導致波動性增加的因素。

不可否認的，網路下單仍然很簡便。簡單到我認為在每次買進或賣出股票之前，螢幕應該跳出等價的實際物品小圖，提醒人們要下的單大致等同多少金額，這可能不失為好方法。舉例來說，如果你的交易金額為3萬5,000美元，會出現一輛轎車。假如是10萬美元，會出現一棟小屋。若是買賣雞蛋水餃股，則會出現一顆糖果。現在的投資者可以在個人電腦上（幾乎）即時查看股票報價、查詢買賣委託單的規模和數量，以及接收二級報價（Level 2）傳送好幾個MB的數據資料，[2]這等於有上百萬個在用桌上型電腦交易的小券商！令人遺憾的是，就如美國著名的圖書館學教育家傑西‧薛拉（Jesse Shera）所言（他把詩人柯立芝〔Coleridge〕的名言佳句改編得很貼切：資料，

2　美股因為交易資訊量很大，券商僅提供一級（Level 1）的即時報價，這種報價不會顯示出價人的資訊，也不透露造市商的買進數量。此外，有些券商或許會將投資人的下單推遲執行，從中獲取差價利益。因此，若是要看到更精細的報價，通常就需要支付報價費用，而這種報價稱作二級報價。

到處都是資料，但卻沒有值得思考的想法。）[3]

「班佛定律」和尋找數字1

前文提到，人們很難模擬出一連串擲硬幣的過程。那麼，是否還有其他人性弱點可以利用，讓他人在查看例如安隆或世通的企業帳簿時，可以用來判斷是否有做假帳的情形？可能有，其中的數學原理很簡單，但卻違反直覺。

比如，「班佛定律」（Benford's Law）指出，在各類的情況下，像是河川的流域、化學物質的物理特性、小鎮的人口、報紙或雜誌上的數字，以及放射性原子的半衰期，以「1」作為第一個非零數字的頻率非常高。具體來說，大約有30％的數字是以「1」開頭，約18％的數字是以「2」開頭，約12.5％的數字是以「3」開頭，而以更大的數字開頭出現的頻率則遞減。在這些情況下，只有不到5％的數據以數字「9」開頭。請注意，這與許多情況下，每個數字出現的機率平均分布，形成鮮明對比。

而班佛定律可以追溯到一百多年前的天文學家——西

3　柯立芝的名言，"Water, water everywhere and not a drop to drink."，中譯為「水，到處都是水，但卻一滴也不能喝。」

蒙·紐康伯（Simon Newcomb，注意他名字中的字母有WCOM），他察覺到和對數表有關的書籍中，前面的頁面會比較髒，這顯示人們更頻繁地查找較小的數字（如1，2，3）。這種奇怪的現象一直鮮為人知，直到1938年被物理學家法蘭克·班佛（Frank Benford）重新發現。然而，直到1996年，喬治亞理工學院的數學家泰德·希爾（Ted Hill）才確定，什麼樣的情況會產生符合班佛定律的數字。然後，馬克·尼格里尼（Mark Nigrini）這位有數學天賦的會計師注意到，班佛定律可用於揪出所得稅申報表和其他會計文件中的詐欺行為，引起了相當大的轟動。

下面的例子說明了，為什麼受班佛定律支配的數字資料集，會如此頻繁地出現。

想像一下，你把1,000美元存入銀行，每年有10％的複利。明年你將有1,100美元，後年為1,210美元，然後是1,331美元，以此類推。（第五章將進一步討論複利。）因此，你的帳戶結餘的第一位數字，有很長一段時間會是「1」。之後，你的帳戶增長到超過2,000美元時，第一位數字短期內會是「2」。一旦你的存款增長到9,000美元以上，10％的增長將讓你的帳戶在接下來的一年中超過1萬美元，並且很長一段時間會恢復到以「1」作為第一位數

字。如果你連續多年都紀錄你的帳戶結餘，這些數字會這樣遵守班佛定律。

　　該定律也是「尺度不變」（scale-invariant），也就是數字的衡量尺度不會造成影響。如果你把上例的1,000美元換成歐元或英鎊（或現在已經失效的法郎或馬克），且存款以每年10％的速度增長，則大約30％的時候，年度餘額將以「1」開頭，大約18％的時候會以「2」開頭，依此類推。

　　希爾指出更普遍的情況是，只要有他所謂的「分布中的分布」（distribution of distributions），即隨機數據樣本的隨機資料集，就會出現這樣的數字資料集。所以，龐大而混亂的數字資料集將遵循班佛定律。

　　這讓我們想到安隆、世通、會計和會計師尼格里尼。尼格里尼認為，會計表格上的數字通常來自公司的各種業務和資料來源，而這些數字理應遵循著班佛定律。也就是說，這些數字應該大量地以數字「1」開頭，並且隨著開頭的數字愈大，出現的頻率遞減。如果不是這樣，則顯示這些帳簿已經被動過手腳。所以，若人們要偽造看似合理的數字，他們通常會使用「5」和「6」作為初始數字，其出現的頻率會高於班佛定律的預測。

尼格里尼的研究已廣為人知，會計師和檢察官肯定也注意到了這一點。安隆、世通和安達信的人是否聽說過這項研究，我們不得而知，但是調查人員可能想檢查安隆文件中，數據的首位數字分布是否符合班佛定律。這類的檢查並非萬無一失，有時會導致誤判，但是提供了額外的工具，而這在某些情況下可能是有用的。

如果舞弊者在保護自身利益的過程中，忘記要留意有以「1」開頭的數字，那會多麼好笑啊！[4]想像一下，安達信會計師事務所的會計師焦急地嘀咕著，因為他們送進碎紙機銷毀的文件中，沒有足夠多的以1開頭的數據。真是神奇的1啊！

數學怪咖大騙局

最近有關數學主題的小說和故事，引起了人們極大的注意，讓人想到了電影《心靈捕手》、《死亡密碼》，和《殺戮賭場》（*Croupier*），以及戲劇《哥本哈根》（*Copenhagen*）、《阿卡迪亞》（*Arcadia*）和《求證》

4　原文這裡一語雙關，look out for number one意思為「保護自身利益」，但字面上的意思為「注意數字1」。

（*Proof*），還有關於數學家保羅‧艾狄胥（Paul Erdös）的兩部傳記、諾貝爾經濟學獎得主約翰‧納許（John Nash）的傳記《美麗境界》（隨後改編成奧斯卡獲獎電影）。在電視特別節目方面，則有人介紹費馬最後定理（Fermat's Last Theorem）和其他數學主題，以及市面上無數關於科普數學和數學家的書籍。尤其是這些戲劇和電影，促使我擴展前面討論過的飆股明牌騙局模式（但這次我把詐騙的焦點從股票轉向體育），編寫成簡短的劇本。而且，比起剛才提到的作品情節，還要更強調相關的數學。這個劇本甚至可能發展成一部引人入勝的有趣電影，因為專欄作家柯翰默（Charles Krauthammer）在報紙上寫過一篇標題為〈憂愁的怪咖風潮〉（Disturbed Nerd Chic）的文章，就證明了大眾著迷於數學天才的故事。事實上，我認為這個劇本對任何製片公司的高階主管或獨立電影製作人來說，都是「強力買進」。

劇情概要

　　一名數學怪咖操縱著一場聰明的體育博彩騙局，並意外地招攬了一個不懂數學的黑幫分子。

第一幕

路易斯是一個矮小、好色、有點呆板的人，大約十年前（1980年代後期）從數學研究所退學，現在在家裡工作，擔任技術顧問。他的外表和行為有點像年輕時的電影導演伍迪‧艾倫。現在，他在和他十歲左右的孩子們打牌，才剛跟他們講完一個有趣的故事。他的孩子很聰明，他們問他，為什麼他總是知道該講什麼故事，他的妻子瑪麗則對聽故事不感興趣。跟往常一樣，他開始向他們講著著名的猶太教拉比里歐‧羅斯滕（Leo Rosten）的故事。內容是這樣的，有一位欽佩拉比的學生問他，為什麼不管是什麼話題，拉比總是能講出精闢的寓言。路易斯停下來，讓孩子能聽懂其中的關聯。

就在他們會心地一笑，而他的妻子再次翻白眼時，路易斯開口了。他告訴他們，拉比講了一個寓言故事，來回答學生的問題。從前從前，沙皇軍隊中有一名徵兵人員，他騎著馬路過一個小鎮，注意到穀倉邊上，有幾十個用粉筆畫的圓形槍靶，每個槍靶的靶心都有一個彈孔穿過。徵兵人員非常驚豔，問鄰居這個技藝精湛的神槍手是誰。鄰居回答說：「哦，那是鞋匠的兒子薛索，他人有點怪怪的。」這位很感興趣的招聘人員並沒有因此被嚇到，直到

鄰居補充說：「你看，薛索會先開槍，然後他在彈孔周圍畫上粉筆圈。」拉比頑皮地一笑，「這就是我的方法，我不尋找適合話題的寓言故事，我只提出我有寓言故事可講的話題。」

路易斯和他的孩子們笑了起來，直到他的臉上露出心煩意亂的樣子。路易斯把書闔起來，催孩子們上床睡覺，打斷瑪麗喋喋不休地談論她的新珍珠項鍊和她父母家那邊的討厭鄰居，並心不在焉地跟她道了晚安，然後回到他的書房，開始潦草地書寫些東西、打電話和計算數字。第二天，他去了銀行、郵局和文具店，上網做了一些研究，然後和他的朋友討論了很久，那名朋友是紐澤西州郊區報紙的體育記者，他們的對話圍繞著全國各地大型體育博彩玩家的姓名、地址和情報。

一個有利可圖的騙局已經在他的腦海中成形了。接下來的幾天，他向數以千計的體育博彩玩家寄送信件和電子郵件，「預測」某項體育賽事的結果。路易斯喃喃自語，說自己就跟薛索一樣，不會輸的。因為無論體育賽事結果怎樣，他的預測對一半的賭徒來說，都是正確的，他的妻子無法理解他在說些什麼。原因是，他對一半的人預測某支球隊會贏，但對另一半的人預測這支球隊會輸。

瑪麗身材高挑、一頭金髮、相貌平平無奇，是個頭腦簡單的人，她想知道她那狡猾的丈夫現在到底在搞什麼鬼。她在電腦後面找到了新的郵資機器，注意到神祕電話的次數愈來愈多，並不停向他抱怨家裡日益惡化的財務和婚姻狀況。他回答說，反正她把所有時間都花在看肥皂劇上，她真的不需要三個塞滿衣服的衣櫃和價值不菲的珠寶，還用一些人口統計研究和新統計技術的數學行話來搪塞她。她仍然聽不懂，但他承諾他的神祕工作最終會大賺一票，這讓她感到很安慰。

　　他們出去吃飯慶祝，路易斯像往常一樣緊繃，並像個大男人一樣，熱烈地談論基因改造的食物，並告訴可愛的女服務生，菜單上含有最多人工成分的食物他都想點。令瑪麗苦惱的是，他隨後跟女服務生玩了一個經典的數學把戲，請她檢查他的三張牌，一張兩面都是黑色，一張兩面都是紅色，還有一張是一面黑色一面紅色。他借了她的帽子，把牌丟進帽子裡，然後請她選一張牌，但只能看一面的顏色。結果這面是紅色，路易斯指出她選的那張牌不可能兩面都是黑色，因此它一定是另外兩張牌中的一張，即紅紅牌或紅黑牌。他猜是紅紅牌。而如果是紅黑牌，給她的15％小費就會加到兩倍。但假如是紅紅牌，就不給她

小費。他看了看瑪麗，希望得到她的認可，但瑪麗沒有答應。不過女服務生答應了，結果卻輸了。

路易斯沒有理會瑪麗的不悅，他想解釋這個把戲的原理來賠不是，她卻不是很感興趣。他告訴她，這不是一個公平的賭注，儘管乍看之下是公平的。畢竟，有兩張牌可選，他賭一張，女服務生賭另一張。問題是，他有兩種情況可以贏，而女服務生只有一種情況可以贏。他滿嘴都是食物，興高采烈地說個不停。路易斯解釋說，如果女服務生挑出的牌是紅黑牌的紅面，她就贏了。但若是紅紅牌的第一個面，他就贏了。或者，也可能是紅紅牌的第二個面，這樣也是他贏了。因此，他獲勝的機會是三分之二，他興高采烈地總結說，他給的小費平均減少了三分之一。瑪麗打了個哈欠，看一下她的勞力士手錶。他停下來，跑去了男廁，打電話給他的女朋友梅莉，為一些不經意的輕率行為道歉。

接下來的一週，他向梅莉解釋了體育博彩的騙局，梅莉看起來有點像華裔女星劉玉玲，比瑪麗聰明得多，也更加重視物質享受。兩人在她的公寓裡，她對騙局很感興趣，並問了一些問題來搞懂情況。他興奮地告訴她，他需要她的祕書能力來幫忙。他寄出了更多的信件，並在信中

進行第二次預測，但這一次只寄給第一次收到正確預測的那一半人，另一半的人他打算忽略。對於剩下這一部分人，他對其中一半的人預測第二場賽事球隊會贏，但對另一半的人預測會輸。同樣對於這一組人中的半數人來說，他的預測將是正確的，因此對於一開始四分之一的人來說，他將連續兩次預測正確。「然後，對這四分之一的博彩玩家再怎麼做呢？」她明知故問，還興奮地問道，這時出現了一種數學上的性吸引力。

他瀟灑地笑了笑，繼續說道，對於這四分之一的人中的半數，他將預測下週會贏，另一半則預測會輸。他會再次忽略那些他做出錯誤預測的人。他又一次會是對的，這一次是連續第三次預測正確，儘管收到的人數只是原始母體的八分之一。他繼續這樣的步驟，然後梅莉幫忙寄信，只把重點放在那些收到正確預測信的人身上，並剔除那些收到錯誤預測信的人。他們在一堆的信件中，上演了一個性愛的場面，他們開玩笑說，無論這支球隊是否獲勝，不管預測是否正確，他們都會成功。無論是什麼情況，他們都會很高興。

隨著郵件不斷寄出，他也繼續扮演原本的角色，日復一日地當他無聊的顧問、狂熱的體育迷和上網。他持續針

對愈來愈少的人寄出一連串成功的預測，直到最後，他滿懷期待地給剩下的一小群人寄了一封信。在信中，他指出了他一連串亮眼的功績，並要求支付一筆巨額費用，才能繼續收到這些有價值、且看似神諭的「預測」。

第二幕

他收到很多人的款項，並做出進一步的預測。他再次對剩下的一半人做出了正確的預測，並放棄了他預測錯誤的那一半人。他要求前者為下一次預測付出更多的錢，並在收到錢後，繼續這個模式。隨著資金的進帳，他和瑪麗以及梅莉的關係也有所改善。路易斯意識到，他的計畫比預期還要好。他帶他的孩子們，又依次分別帶這兩個女人去看體育賽事或造訪大西洋城，在那裡他得意地評論那些與他不同的失敗者，因為他們押注在不確定的事情上。瑪麗十分擔心在海灘會遇到鯊魚的襲擊，路易斯告訴她，每年死於空難的美國人，比死於鯊魚襲擊的人還要多，他在整個旅程中都說了類似的話。

他玩了一會兒二十一點，並且邊玩，心裡邊算著牌。他抱怨說，這種手法需要太多低層次的注意力，除非已經很有錢，否則這種賺錢的速度是如此緩慢、勝率不高，還

不如找一份工作來做。儘管如此，他繼續說，二十一點是唯一有獲勝策略的遊戲，賭場裡其他遊戲都是針對心理軟弱的失敗者。他去了其中一家賭場的餐廳，在那裡給孩子們看騙女服務生小費的把戲，他們認為這招很厲害。

在回到紐澤西州郊區的家後，體育博彩的騙局繼續進行。現在，最初的數千名體育博彩玩家中，只剩下少數幾人了。其中有一個叫奧托的粗暴黑社會分子在跟蹤他，尾隨他到籃球場的停車場。奧托一開始很有禮貌，要求路易斯預測即將到來的比賽結果，因為奧托打算要下重注，隨後他的態度變得愈來愈強硬。但路易斯不理會他，而長得有點像動作片演員史蒂芬・席格（Stephen Segal）的奧托，立即用槍指著他上車，並威脅要傷害他的家人，還說他知道他們住在哪裡。

奧托不明白他怎麼會收到這麼多連續正確的預測，他不相信路易斯的辯解，也不相信這是一場騙局。路易斯提出了一些數學觀點，試圖讓奧托相信，任何特定的預測都可能是假的。但無論他怎麼費盡唇舌，他都無法讓奧托相信，總會有一些人不過就是碰巧收到許多連續正確的預測。

路易斯被困在奧托的地下室裡，這個數學怪胎騙子和

這個肌肉發達的光頭勒索者形成鮮明的對比。他們雞同鴨講，各有不同的參考體系。例如，奧托聲稱，每次賭注基本上是輸贏各半，因為你要麼就是贏，要麼就是輸。路易斯談到，他打籃球的時候就會想到數學家路易斯·卡羅（Lewis Carroll）和伯特蘭·羅素（Bertrand Russell），當然，這兩個名字超出了奧托能理解的範圍。奇怪的是，他們對女人和金錢有著相似的態度，也一樣喜歡用打牌來消磨時間。奧托自豪地表演了交疊洗牌技巧，聲稱這種洗牌方法可以把牌完全洗乾淨，而路易斯偏愛單人紙牌遊戲，並暗地嘲笑奧托的彩券支出和對賭博的誤解。等到他們忘記為什麼會待在那裡的時候，他們已經相處得很好。儘管奧托不時地發出威脅，路易斯也再次否認自己有任何特殊的體育知識，並懇求對方放他回家。

即使奧托最後偶爾會收到錯誤的預測，但他仍然堅持路易斯要告訴他哪一隊會贏得即將到來的足球比賽。奧托除了頭腦不太靈光之外，似乎還欠了很多債。路易斯在受到極端的脅迫下（被槍指著頭），做出了恰好是正確的預測，而孤注一擲的奧托仍然相信他控制著一棵搖錢樹。現在他想把自己從賭友那裡借來的資金，押注在路易斯的下一個預測上。

第三幕

　　路易斯最終說服奧托讓他回家，讓他為下一個重大賽事的預測做研究。事實上，他和梅莉對金錢、小玩意和衣服的需求，一直驅使他們去詐騙。兩人討論了路易斯的困境，並查覺到他們必須利用奧托唯一的弱點，即他的愚蠢和輕信，以及他唯一需要動腦的興趣：金錢和打牌。

　　兩人去了奧托的公寓。奧托被梅莉迷住了，她向他調情，並要和他做一筆交易。她一言不發地從錢包裡拿出兩副牌，要奧托分別洗牌。奧托很高興在這麼賞識他的人面前炫耀一番。然後她給了他一副牌，並要求他一次翻一張牌，而她也用另一副牌跟著他一同照做。梅莉問他，覺得他們兩人翻出的牌有多大的可能性，數字和花色完全相同？他嗤之以鼻，但被梅莉迷住了，在緊張的一分鐘左右之後，正如她所說的，他們翻出完全相同的牌，他感到很驚訝。她解釋說，這種情況經常發生，也許他可以利用這個事實來賺錢。畢竟，路易斯是一個數學天才，他已經證明了可以靠數學來賺錢。路易斯得意地笑了笑。

　　奧托一臉困惑。梅莉再次告訴奧托，體育博彩是場騙局，他更有可能透過路易斯可以教他的牌技來賺錢。路易斯帶著同樣的兩副牌走上前去，他現在把這兩副牌重新安

排好，使每張牌的花色交替出現。一副是紅－黑、紅－黑、紅－黑……另一副是黑－紅、黑－紅、黑－紅，他把兩副牌交給奧托，讓他把一副牌洗到另一副牌裡，這樣牌就混在一起了。奧托照做了，並且傲慢地宣布現在這些牌已經完全混合了。於是，路易斯拿起了混合在一起的兩副牌，把它們放在背後，假裝在操縱它們，然後拿出兩張牌，一張黑一張紅。「那又怎樣？」奧托問道。路易斯又抽出兩張牌，每種顏色各一張，然後他又這樣做了一遍又一遍。奧托說：「我真的都洗過了，你是怎麼做到的？」路易斯解釋說，這不需要什麼技巧，洗完牌合併後，這副牌的顏色不再是紅黑交替，但是從最上面開始，一次抽出兩張牌，不管怎樣，兩張牌的顏色一定是相反的，也就是一紅一黑。

接下來的一幕用不同鏡頭影像拼貼而成，可以看到路易斯向奧托解釋各種牌技，以及可以利用這些牌技來賺錢的方式。路易斯對奧托說，像你這樣喜歡玩牌的人，撲克牌裡總是有一些規律和非隨機的情況可以利用，從中發財。他甚至向奧托解釋，他是如何避掉給女服務生的小費。當然，條件是奧托要釋放他們，而且他們最起碼會讓奧托能理解博彩騙局如何運作，還會讓他清楚學會新的撲

克牌騙術。路易斯承諾提供為期一天的速成課程，教他如何利用這些騙術來賺錢。

在最後的場景中，人們看到路易斯在進行同樣的騙局，但這次是對大盤指數走勢的預測。由於他不想再碰到像奧托這樣的人，想要水準更高的客戶，因此他把自己重新定位成報明牌的股市老師。他住進了更豪華的房子，也跟梅莉結婚了，她穿著昂貴的套裝忙進忙出的。而路易斯和他稍微大一點的孩子則在打牌，偶爾在信封上畫上標靶和小小的靶心。他客氣地說要先離開，然後去書房打了一通神祕的電話，打到他剛剛為新情婦買在中央公園西區的公寓。

CHAPTER 05

價值派朝聖者與基本面信徒

Value Investing and Fundamental Analysis

我對世通旗下的關鍵網路服務提供商——UUNet公司，特別著迷。畢竟，網際網路不會消失，所以我想，UUNet或世通也不會消失。在那段著迷的日子裡，我那理智的妻子會嘴裡念著「UUNet，UUNet」，並用她漂亮的眼睛表示不悅，來嘲笑我對世通公司的全球IP網路和相關能力的狂熱。她這樣重複念這家公司的名字也慢慢產生了更通用的意思，暗指反對盲目的樂觀。有一次，我說：「也許水電工遇到了他沒料到的問題，所以收費才這麼貴。」

「是啊，當然了。UUNet，UUNet。」

對複利的誤解

在討論價值型投資時，「著迷」、「狂熱」和「盲目的樂觀」並不是自然會想到的用字遣詞。因為價值型投資是投資者研究股市的主要方法之一，並會使用所謂的基本面分析工具。基本面分析通常讓人想到巴菲特目光敏銳、嚴謹的交易方法，所以被一些人描述為投資者應遵循的最佳合理策略。如果我當初能更注意世通的基本面，尤其是公司300億美元的債務，少去注意世通的浮誇之詞，特別是

其「基本型」網路的光明前景（別問我，我也不知道），我想我在股市的表現會更好。畢竟，在統計數據和市場消息之間的長久拉鋸戰中，基本面分析通常是支持數據的。

儘管如此，在我看來，基本面分析總是與市場的一般行為準則稍有衝突，後者是按著希望、夢想、願景和某種帶有金融色彩、但實則浪漫的情感。我沒有引用任何研究或統計數據，來支持這個論點，只是引用了我認識的或讀到的投資者情況，也許還有我自己對世通的迷戀。對我這個數字人來說，我會這樣是非常反常的。

基本面對於投資來說，就像（刻板印象中）婚姻對於浪漫，或者蔬菜對於飲食一樣，都是有益健康的，但並不一定令人興奮。然而，對基本面有一些了解，這對於任何投資者，以及在某種程度上對於任何精明的公民來說，都是必備的。例如，大家都聽說過有人不買房，因為他們覺得多年下來要支付大筆的利息。（「哦，天哪，不要申請房貸，你最後會付出四倍的費用。」）同樣常見的，還有買彩券的人，他們堅持認為自己可能贏得廣告中宣傳的100萬美元。（「再過20年，我就會擁有那100萬美元。」）還有，許多投資者不認為前任美國聯準會主席葛林斯潘模糊的聲明，與股票或債券市場有什麼關係。

諸如此類的信念源於對複利的誤解。複利是數學金融的基石，而數學金融又是基本面分析的基礎。

e是萬財之源

說到基石和基礎，我主張 e 是萬財之源。這裡所說的 e就像指數函數e^x中的那個e，也就是複利算式中的那個 e。有一句古老的格言（可能源於古代的銀行家）說，了解複利概念的人更有可能獲得複利的收益，而不懂複利的人則更有可能付出複利的成本。事實上，複利的算式是大多數財務計算的基礎。幸好，要導出相關、但更簡單的算式，只需要理解百分比、次方和乘法的概念。例如，300 的15％就是0.15×300（或是300×0.15），而300的15％ 的15％就是300×（0.15）^{2}。

說明了這些數學先決條件後，讓我們開始教學說明。假設你把1,429.73美元存入銀行帳戶，每年6.9％的複利。但這太難算，還是不要好了。讓我們引用偉大的整數，假設你存入1,000美元，每年複利10％。一年後，你會獲得原始存款的110％，即1,100美元。也就是說，你的帳戶中將有1,000×1.10美元。（如果你買進價值1,000

美元的股票,且每年報酬率為10%,則分析結果是相同的。)

再來看之後的情形。兩年後,你將擁有第一年結餘的110%,即1,210美元。也就是說,你將擁有($1,000 ×1.10)×1.10,或者可以寫成$1,000×1.10^2。請注意,這裡的指數是2。

三年後,你將擁有第二年結餘的110%,即1,331美元。也就是說,你將會有($1,000×1.10^2)×1.10,或者可以寫成$1,000×1.10^3。請注意,這次的指數是3。

現在的計算練習應該很清楚了。四年後,你將有第三年結餘的110%,即1,464.10美元。也就是說,你將會有($1,000×1.10^3)×1.10,或者同樣可以寫成$1,000×1.10^4。再次注意,這裡的指數是4。

讓我用很久以前我的教授的故事,來打斷這個沒完沒了的說明。他在大講堂裡,從一個很長的黑板的左側開始,寫下$1+1/1!+1/2!+1/3!+1/4!+1/5!……$(順便說一下,5!這個運算式讀作5的階乘,而不是5和驚嘆號,並且它等於$5×4×3×2×1$。對於任何整數N來說,N!的定義以此類推。)我的同學一開始都笑了,因為這位教授慢慢、出神似的,不斷地把這個算式

寫下去。然而，他走到黑板中央，並寫到1／44！＋1／45！時，大家慢慢不再笑了。我喜歡這位教授，也記得自己看到他繼續這個毫無意義的重複時，心中冒出情況不妙的感覺。就在他走到黑板的盡頭，寫到1／83！的時候，他轉身面對全班同學。他的手在顫抖，粉筆掉在地上，然後他離開了講堂，再也沒回來過。

因此之後，我會顧及重複說明太多次的危險，尤其是我站在教室黑板前的時候，所以我把這個範例停在第四年的地方。簡單來說，t年後你帳戶中的金額將是$1,000 ×1.10^t。一般來說，如果你把P美元存入一個每年賺取r％利息的帳戶，那麼在t年後，帳戶會有A美元，其中A ＝P（1＋r）^{t}，這是描述存款呈指數增長的既定公式。

你可以調整成每半年、每月、或每日複利計算的算式。例如，如果一筆錢每年複利計算四次，那麼你在t年後會有的金額為A＝P（1＋r／4）^{4t}。（季度利率為r／4，即年利率r的四分之一，而t年的複利次數為4t，因為在這t年每年各要計算4次。）

如果複利的計算次數非常頻繁（比如n的數字很大，每年n次），算式為A＝P（1＋r／n）^{nt}，這在數學上可以改寫成A＝Pe^{rt}，其中e是自然對數的底數，約為

2.718，這種變換的算式用於計算連續的複利（當然，這也是我所謂「e是萬財之源」的依據）。

　　數字e在高等數學中發揮非常重要的作用，最好的例子可能是算式 $e^{\pi i} + 1 = 0$，它把數學中最重要的五個常數濃縮成一個式子。如果我們隨機從0到1之間挑選出數字，數字e同樣也會出現。而假如我們（或者，更有可能是我們的電腦）隨機從0到1之間挑選出數字，直到這些數字相加超過了1，每次我們挑出的數字的個數，其平均值將是e，約等於2.718個。無處不在的e也恰好等於1＋1／1！＋1／2！＋1／3！＋1／4！……這和多年前我的教授在黑板上寫的算式一樣。（1987年電影《華爾街》中的投機客戈登・蓋柯〔Gordon Gekko〕的經典名言：「貪婪是好的。」這句話的靈感來源，是來自美國股市的「套利之王」艾凡・博斯基〔Ivan Boesky〕。不過，蓋柯說錯了，他想說的是：「e是好的。」）

　　許多在金融領域中有用的算式都是從以下兩個算式為基礎：一個是計算年度複利的算式 $A = P(1 + r)^t$，另一個是計算連續複利的算式 $A = Pe^{rt}$。為了說明這兩個算式的用法，我們來看以下的例子：如果你存入5,000美元，並且每年以8％複利計算十二年，那麼最後價值將是5,000

（1.08）^{12}美元，或者說1萬2,590.85美元。如果這同樣的5,000美元連續複利計息，到期將價值5,000e$^{(0.08\times12)}$美元，或者說1萬3,058.48美元。

使用這個利率和時間間隔，我們可以說現在5,000美元的終值（future value）是1萬2,590.85美元，而未來1萬2,590.85美元的現值是5,000美元。（如果複利是連續的，則上句換成1萬3,058.48美元。）未來一筆錢的「現值」是我們現在必須存入的金額，以便存款在未來規定的時間增長到必要的金額。或者說（我這樣一直重複可能是教授的職業病，而「容易喚起關於自我的記憶」也是毛病之一），這個概念是，如果利率為8％，你應該對於現在收到5,000美元（現值）和十二年後收到接近1萬3,000美元（終值），兩者感覺沒有差別。

正如「喬治比瑪莎高」和「瑪莎比喬治矮」是陳述相同關係的不同方式，利息算式可以寫成強調現值P，或強調終值A。除了A＝P（1＋r）^{t}，我們也能寫成P＝A／（1＋r）^{t}。同樣的，除了A＝Pe^{rt}，我們也可以寫成P＝A／e^{rt}。因此，如果利率為12％，那麼五年後的5萬美元，現值就為P＝$50,000／（1.12）^{5}也就是現在的2萬8,371.34美元。這筆2萬8,371.34美元，如果以12％的年

複利存五年，則終值為5萬美元。

這些算式推導出的結果是「翻倍時間」，即一筆錢的價值翻倍所需的時間。這是由所謂的「72法則」所推算出來的：把72除以利率的100倍。因此，如果你能得到8％的利率，你需要72／8，也就是九年的時間才能讓一筆錢翻倍，十八年能把原本金額變成四倍，二十七年會變成原來金額的八倍。如果你幸運地擁有一筆14％報酬率的投資，你的資金將在五年多一點的時間就翻倍（因為得到的答案會比5多一點），在十年多一點的時間會變成四倍。但如果是連續複利，要用70來計算，而不是72。

這些算式也可以導出所謂的內部報酬率（internal rate of return），或用來定義其他的理財概念。常見的理財概念會勸導年輕人，如果希望成為「樸實的有錢人」，要儘早開始儲蓄和投資，這背後的原理也是這些算式。（但這些算式並沒有告訴有錢人應該如何理財。）

基本面投資者的信條：一分錢一分貨

若要理解基本面投資者的股票估值方法，現值的概念極為重要，這對買彩券的人、房貸借款人和廣告商也很重

要。畢竟，未來一筆錢的現值低於其名義價值。這解釋了為什麼名義上的100萬美元中獎獎金（比如在接下來的二十年，每年年末拿5萬美元）的價值，遠遠低於100萬美元。例如，如果年利率為10％，則二十年後100萬美元的現值只有大約42.6萬美元。你可以用表格、理財試算工具或直接用上面的算式（使用所謂的等比級數之和的算式），算出現值。

而確定未來一筆錢的現值，這個過程通常稱為「折現」（discounting）。折現很重要，因為一旦你設定了利率，就可以透過折現，讓你比較不同時間點所收到的金額。你還可以用折現，來評估收入來源的現值或終值，例如銀行或投資帳戶在不同日期有不同金額的入帳或出帳。你只須將金額乘以、或除以適當的（1＋r）的次方，即可算出這筆金額之後或之前的價值。例如，算出需要多少錢才能在期限內還清房貸，或者想知道每個月要存多少錢，才能在孩子18歲時，有足夠的錢讓他上大學。

在決定人們常說的股票基本價值時，折現的概念也是必備的。基本面投資者說（幸好他們不會把自己的道德信念強加於他人），股票的價格應該大致等於無限期持有時，可以預期獲得的股息現金流折算成現在的價值。如果

股票沒有配息，或者你計畫賣出以實現資本利得，則股票的合理估值應該大致等於你在賣出股票時，可以合理預期獲得的價格折算成現在的價值，加上任何股息的折現價值。也許可以放心地說，大多數股價都高於合理估值。在1990年代經濟繁榮的時期，投資者更在意的是資本利得，而不是股息。為了扭轉這個趨勢，《長線獲利之道》（*Stocks for the Long Run*）一書的作者，也是金融學教授傑諾米・席格爾（Jeremy Siegel）和他的兩位同事最近提議取消對股息課稅，並讓領股息享有可減抵稅額。

看財報投資的重點是，你為一檔股票支付的金額應該等於（或不超過）它所有未來收益的現值。儘管這聽起來很理智，並且與心理上的考量無關，但事實並非如此。未來股息和未來股價的折現，取決於你對未來利率、股息政策和許多不確定因素的估計，稱它們為基本面並無法避免這些因素受到情緒和認知扭曲的影響。樂觀和悲觀的心理會互有消長，所以心理面可以、而且確實會影響對股票基本價值的估值。然而，正如經濟學家席勒長期以來頗具說服力的論點，股票的基本面變化並不像其股價那樣變化大或迅速。

老鼠會、龐氏騙局與魔瓶

在討論這些金融概念的其他應用之前，不妨稍微休息一下，研究一下低估未來的極端案例，例如老鼠會、龐氏騙局，或是恐嚇你必須轉寄他人，否則會遭致厄運的連鎖信（chain letter）。不過，它們在細節和精彩的故事情節上有些差別。加州最近的一個例子，是用晚餐聚會吸引婦女加入，由「開胃菜」新成員注入資金。[1] 然而，無論這些騙局的形式為何，幾乎都是最先發起的一批「投資者」可以拿到大家的資金，並承諾給會員快速和高額的報酬。這些報酬來自更多新成員掏出來的錢，後期更多的人替早期較少的人提供了資金，一層壓一層，形如金字塔。

這個迅速發展的過程會持續一段時間，但是保持金字塔成長和資金持續流入，需要成員呈指數增長，所以很快就變得難以維持，陸續會有人退出，而容易下手的對象會變得愈來愈少。但參與者通常都無法感知到，需要多少人才能讓騙局維持下去。如果最初的10人中，每個人都招募了10個人，那麼第二層就是100人。假如這100人中，

1　這是一種四個層級的金字塔式詐騙，最下面的一層人被稱為「開胃菜」，接著往上是「沙拉」、「主菜」，最頂層的人被稱為「甜點」。

每個人都招募了10個人，第三層就達到1,000人，接下來是1萬人，然後是10萬人，再來是100萬人。一旦找不到足夠多的新血加入，這個系統就會無法維持而崩潰。但是，如果你從早期就加入這個騙局，你可以獲得超乎尋常的快速報酬（前提是這個騙局不違法）。

老鼠會的邏輯很清楚，但人們通常只擔心接下來的一、兩個步驟會發生什麼事情，並期望在老鼠會崩潰之前脫身。然而，如果你有信心招募「更大的傻瓜」來接你的棒子，那麼你加入老鼠會並不荒謬。有人會說，網際網路公司在1990年代末期的股價暴漲，以及隨後在2000年和2001年的急劇下跌，是同一種常見騙局的減弱版本。方法是在IPO時加入，在股價飆升時持有股票，並在股價暴跌之前脫手賣出。

雖然世通不是網路公司，但它透過收購許多網路公司（以及很多不是網路公司的公司），而且常以荒謬的高價收購，來實現極為短暫的市場主導地位。埃伯斯收購了長途電話公司MCI、MFS電信公司、ANS通訊公司、CAI無線電信公司、Rhythms公司、Wireless One公司、Prime One Cable公司、Digex和其他數十家公司。他這位吹笛手的歌曲，似乎只由一個迷人而重複的音符組成：收購、收

購、收購。世通收購的常見鼓聲就像玩吃角子老虎機一樣，中了最小金額時，會發出有催眠效果的鈴聲。隨著股票開始緩慢下跌，我每天早上都會查看商業新聞，只要看到世通再次併購別家公司、簽訂虛擬主機服務協議或服務擴展的消息，心情就會平靜下來。

雖然企業的貪汙和詐欺在他們（部分）的衰敗中造成了影響，但是網路公司和世通公司的倒閉，並不是騙子的傑作。即使企業家和投資者認識到了泡沫的本質，大多數人仍然誤以為，引發狂熱的IPO／收購的大風吹音樂停止時，他們能夠找到一把椅子坐下來。唉，從賺很多，到持有一堆壁紙，往往都是因為買了網路公司的股票。

也許我們的基因是罪魁禍首（它們似乎老是要揹黑鍋）。物競天擇說不定有利於那些對當地或近期事件做出反應、但是忽略遙遠或未來事件的生物體，因為這與未來的錢會折現的道理相同。甚至，對環境的破壞也可以視為全球龐氏騙局，早期的「投資者」獲利滿滿，後來的「投資者」賺得就沒那麼多了，然後一場災難抹滅了所有的獲利。

羅伯特・路易斯・史蒂文森（Robert Louis Stevenson）的短篇小說《魔瓶》（*The Imp in the Bottle*）為我們的短視

行為提供了截然不同的說明。這個故事在講有一個瓶中精靈，有辦法滿足你的每一個浪漫的願望和財務慾望。你有機會以你選擇的價格，購買這個瓶子和住在裡面的神奇精靈。然而，這個瓶子有一項嚴格的限制條件：你用完瓶子後，必須以低於你買入的價格轉賣給其他人。如果你不以更低的價格賣給別人，你會失去一切，並且遭受痛苦和無情的折磨。你會為這樣的瓶子付多少錢？

當然，你不會付1美分，因為這樣你就無法以更低的價格賣出。你也不會為它付2美分，理由是沒有人會以1美分向你購買，因為大家都知道必須以低於買入價的價格售出。同樣的推理顯示，你不會為它付3美分，因為你必須以2美分的價格賣出，但這樣別人也不會買，因為瓶子無法以1美分的價格售出。價格訂在4美分、5美分、6美分時，也是同樣的道理。我們可以使用數學歸納法來證實這個論點，最終會證明你不會花任何錢買瓶中的精靈。然而，你幾乎肯定會花1,000美元買下它，我知道我就會。那麼，高於哪一個價位的時候，「你不會購買瓶子」的論點會失去說服力？（我忽略了外國貨幣的可能性，因為有些外幣銅板的價值低於1美分，所以這裡在說的是美國的精靈。）

這不僅僅是學術性的問題，因為很多情況下，人們只為近期的結果做準備，不會看得很長遠。他們目光短淺，以荒謬極端的折現率對未來進行折現。

害人慘賠的算式

把時間和金錢結合起來，可以用完全不同的方式產生意想不到的結果。再回想一下1990年代後期氣勢如虹的股票市場，以及許多人感覺其他人都在賺錢的羨慕之情。看到當時投資什麼都賺的報導內容，你可能很容易產生這種感覺。在你拿起的每一本雜誌或報紙上，動不動就是新公司的IPO和投資大師的消息，他們聲稱可以讓你的1萬美元，在一年內增長到超過100萬美元。（好吧，我把他們的誇張說法繼續誇大下去。）但在那些刊物中（即使在那時），你也會讀到新公司胎死腹中的消息，以及反對者的說法，認為大多數投資者投資這種不穩定的股票，會損失1萬美元的本金和輸得精光。

這裡有一個場景，有助於說明和化解這些看似矛盾的說法。請看接下來的數學推演，這可能有點違反直覺，但不難理解，它說明了一組報酬的算術平均值和幾何平均值

之間的關鍵區別。（請注意：N個不同報酬率的算術平均值，就是我們通常認為的平均值，即它們的總和除以N。N個不同報酬率的幾何平均值是一種算出的報酬率，即連續N期獲得這個報酬率的收入，會等於連續獲得N期不同報酬率的收入。我們可以使用複利算式來推導出精確的定義。這樣，我們會發現幾何平均值等於：〔（1＋第一個報酬率）×（1＋第二個報酬率）×（1＋第三個報酬率）×……×（1＋第N個報酬率）〕這個乘積，然後開N次方根，再減去1。

以前每年都有數百家公司IPO（可惜這只是用來當例子說明的往事）。假設股票上市後的第一週，股價波動非常大，無法預測價格會朝哪個方向變動，但我們假定一半公司上市的第一週股價上漲80％，而另一半公司上市的第一週股價下跌60％。

這裡範例的投資方法很簡單：每個星期一早上買入一檔IPO股票，然後在當週星期五下午賣出。大約一半的時候，你會在一週內賺到80％。另一半的時候，你會在一週內損失60％，所以平均每週報酬率為10％，亦即：〔（80％）＋（－60％）〕／2，這是算術平均值。

每週10％的平均報酬率很驚人，若遵循這個策略一

年，不難算出，最初1萬美元的投資的平均價值會超過140萬美元！（計算式子如下。）想像一下報紙介紹的快樂當沖者，或者本案例中的當沖者，他們賣掉了舊車，並在一年內把賣車得到的錢，滾成了近150萬美元。

但是，如果你採用這個方法，並且上述假設成立，最有可能的結果是什麼？答案是，你的1萬美元在年底可能只剩1.95美元！在採用此類方法的所有投資者中，有一半的人的1萬美元本金，剩下不到1.95美元。你的資金如果在52週內以80％和−60％報酬率的幾何平均值進行投資，結果也同樣是1.95美元。在這種情況下，報酬率等於 $[(1＋80％)×(1＋(−60％))]$ 這個乘積的平方根〔因為N＝2〕，再減去1，即 $\sqrt{(1.8×0.4)}-1$，0.85減去1，也就是−0.15，等於每週損失約15％。

在詳細解釋這個算式之前，讓我們思考一下是什麼直覺的原因，造成140萬美元和1.95美元之間兩種算法的巨額差距。答案是，典型的投資者會以為他的投資大約有26週會上漲80％，有26週下跌60％。下面將會解釋，不難計算出，一年後你的資金會剩下1.95美元。

為什麼多數投資者的報酬低於平均？

我們來看兩種不同的情形，幸運的投資者會在超過26週的時間裡，看到他的投資上漲80%，這將帶來巨額的報酬，因而拉高了平均值。不幸的投資者的資產則會在超過26週的時間下跌60%，不過損失再大也不會超過最初的1萬美元。

換句話說，多半時間，上漲80%所帶來的巨額報酬會拉高平均值。而即使多半時間是下跌60%，也不會讓投資價值低於0美元。

在這種情況下，股票專家和那些唱反調的人都是對的。一年後，你投資的1萬美元的平均價值為140萬美元，但最有可能的價值為1.95美元。

哪種結果可能會受到媒體的注意呢？

以下例子或許有助於澄清問題。讓我們來看看前兩週這1萬美元的情況，有四種同樣機率的可能性。一、這筆投資兩週都上漲。二、第一週上漲，第二週下跌。三、第一週下跌，第二週上漲。或四、兩週都下跌。（正如前文所提，上漲80%相當於投資價值乘以1.8，下跌60%相當於投資價值乘以0.4。）因此，四分之一的投資者會看到

他們的投資變成1.8×1.8倍，也就是3.24倍，如果連續兩週上漲了80%，他們的1萬美元將在兩週內價值$10,000×1.8×1.8，也就是3萬2,400美元。四分之一的投資者會看到他們的投資在第一週上漲80%，第二週下跌60%，他們的投資變成1.8×0.4，也就是0.72倍，兩週後價值為7,200美元。同樣的，四分之一投資者的投資將變成7,200美元，他們的投資在第一週下跌，在第二週上漲，因為0.4×1.8 與1.8×0.4相同。最後，倒楣的四分之一投資者連續兩週損失其資產價值的60%，兩週後投資變成0.4×0.4×$10,000，也就是1,600美元。

把這四種情況：3萬2,400美元、7,200美元、7,200美元和1,600美元相加，並除以4，我們得到1萬2,100美元，也就是前兩週投資的平均價值。這是每週10%的平均報酬，因為$10,000×1.1×1.1＝$12,100。更籠統來說，這代表股票每週平均上漲10%（請記住，這是上漲80%，下跌60%的平均）。因此，52週後，這筆投資的平均價值為$10,000×（1.10）^{52}，即142萬美元。

而最**有可能**的結果，是新上市公司的股票將在26週內上漲，在26週內下跌。這意味著這筆投資一年後最可能的價值是$10,000×（1.8）^{26}×（0.4）^{26}，也就是1.95

美元。那80％和－60％的幾何平均值是多少？同樣的，就是[（1＋0.8）×（1－0.6）]這個乘積的平方根，再減去1，大約等於－0.15。平均而言，你的投資每週損失15％的價值，而一年後 $10,000×(1-0.15)^{52}$，大約等於1.95美元。

當然，如果改變這些百分比和時間範圍，我們可以算出不同的結果，但原理是一樣的：報酬的算術平均值遠遠高過報酬的幾何平均值。幾何平均值同時是中位數報酬（中間位置的報酬），也是最常見的報酬。另一個例子：如果你的投資有一半的時間裡，每週成長了一倍，而在另一半的時間裡，每週損失一半，那麼最有可能的結果就是你沒賺也沒賠。但是，你的報酬的算術平均值是每週25％，即[（100％）＋（－50％）]／2，這意味著你最初的投資在最後會值 $10,000×(1.25)^{52}$，或者說會超過10億美元！你的報酬的幾何平均值（1＋1）×（1－0.5）的平方根，再減去1，即0％的報酬率。這顯示你最終可能擁有的錢，還是你一開始的1萬美元。

儘管這些是極端和不真實的報酬率，但這些例子遠比表面上看起來還重要。它們解釋了為什麼大多數投資者的報酬低於平均水準，以及為什麼一些共同基金公司用誤導

人的方式強調平均報酬。再次強調，原因是不同報酬率的平均值，或者說不同報酬率的算術平均值，總是大於這些報酬率的幾何平均值，而後者也是報酬率的中位數。

獲利豐厚的股票、胖子和本益比

一分錢一分貨。如同前面所說過的，基本面投資者認為這個準則可以延伸到股票估值上。他們認為，公司的股票價值，僅在於配發的股息和股價的上漲潛力。為了確定這個價值，他們試圖對股票在其生命週期內產生的現金數值進行合理估計，然後把一連串的金額折算到現在。但他們如何估計這些股息和股價上漲的空間？價值型投資者傾向於把公司一連串的營收，視為配發給他們一連串股息的合理替代。因為根據推斷，營收已經、或最終將以股息的方式配發。同時，營收可用於公司發展或償還債務，這也會增加公司的價值。如果公司的營收很好，並且有望變得更好，而且如果經濟正在成長，利率保持在低檔，那麼高營收證明股價高是合理的。假如情況並非如此，股價高則不合理。

因此，有一種快捷的方式，可以確定股票的合理價

格，而且不用複雜的預估和計算，即本益比。你看報紙的商業版或電視的商業節目，都免不了經常聽到這個詞。本益比就是比率或分數，算法是把公司的每股價格P，除以公司的每股盈餘E（通常是用過去一年的淨利潤）。股票分析師討論了很多種的比率，但本益比（有時簡稱為倍數〔multiple〕）是最常被討論的。

從報紙或到網路上查看，即可知道股價P，而每股營收E是把公司過去一年的總營收，除以流通在外股數得出。（遺憾的是，營收並不像許多人想的那樣一板一眼，各種閃躲、模棱兩可和赤裸裸的謊言，使它成為可以人為操作的概念。）

那麼，人們如何使用這些資訊？解釋本益比的常見方法，是衡量投資者對未來營收的預期。高本益比表示對公司未來營收的預期很高，低本益比則表示預期很低。而思考本益比的第二種方法，是簡單地當作為了獲得公司的營收，你必須支付的價格（間接透過股息和股價增值）。因此，本益比既是對公司的預測，也是評估。

而擁有高本益比的公司，必須要有營利表現來維持其高本益比。如果它的營收不繼續成長，股價就會下跌。想想微軟，幾年前它的本益比在100倍以上，儘管它是華盛

頓州雷德蒙市（Redmond）的大型企業之一，但如今它的本益比低於50倍。微軟仍然是巨頭，但它的增長速度比早期慢。不過，初創公司成為商業界的績優股時，本益比會下降是自然的。

（公司成長率的變化模式，讓人想起一條數學曲線——S型曲線，或叫邏輯曲線。這條曲線看來代表了各式各樣的現象，包括對各種新東西的需求。想像一下培養皿中的細菌，就可以輕鬆地解釋這條曲線的形狀。起初，細菌的數量會緩慢增加，然後因為有營養豐富的培養液和足夠的擴展空間，細菌會以更快的指數速度增加。然而，隨著細菌簇擁在一起，它們的增長速度逐漸減慢，其數量也會穩定下來，至少在換成大的培養皿之前是如此。

該曲線顯然描述了不同實體的發展，如作曲家的交響樂作品數量、航空交通的興起、高速公路的建設、大型伺服器的安裝、擁有電視機的比率，甚至是哥德式大教堂的興建情況。有人推測，許多自然和人類現象，包括成功企業的成長，都是由通用的原則所支配。）

當然，本益比本身並不能證明什麼。高本益比不見得就是股價被高估（亦即對於公司可能產生的現金流而言，股價過高），也不是賣出的訊號。低本益比也不見得就是

股票被低估，更非買進的訊號。畢竟，低本益比可能意味著一家公司儘管有盈利，但仍處於財務困境。

例如，世通瀕臨破產時，它的本益比極低。聊天室中不斷有貼文把世通與SBC電信公司、AT&T、德國電信（Deutsche Telekom）、南方貝爾（Bell South）、Verizon和其他相似公司的本益比進行比較，而其他公司的本益比都比世通高得多。如果這些貼文未能達到預期效果，貼文的口氣就會變得強硬，結果投資者有如恍然大悟，突然意識到WCOM是很好的買進標的。然而，發布貼文的人確實有幾分道理。人們應該把公司的本益比與其過去的價值、其他類似公司，以及同業和大盤的本益比進行比較。大盤的本益比平均會介於15倍到25倍之間，儘管要計算這樣的平均值有些困難。比如，虧損的公司的本益比為負，儘管通常不會顯示為負數，但可能應該要這麼做。雖然在2001年至2002年間，股市出現了拋售的情形，但一些分析師認為，推算企業可能產生的現金流後，股價仍然過高。

本益比與基本面分析師使用的其他工具一樣，明確、客觀和類似數學般的精確。但是，如前所述，它也受到整體市場的經濟事件所影響，而強勁的經濟體通常支持更高

的本益比。但是，值得重申的是，本益比公式的分子P仍會受心理因素的影響，而分母的E也會被會計師動手腳。

比起單獨看股價，本益比確實更能衡量公司的財務狀況。比如，就像BMI，也就是身體質量指數（等於你的體重除以身高的平方，體重和身高的單位要用公斤和公尺來計算），這比單獨看體重更能衡量身體的健康狀況。BMI還使人聯想到其他比率，例如P / E^2。或總結來說，我們可以用P / E^x，來表示用價格除以營收的X次方，但研究這些比率可能會把分析師操到其BMI下降。

（飲食和投資之間的比較並非那麼牽強。飲食方式和股市策略五花八門，但只要有紀律，你就可以透過大部分的方法，來減肥或賺錢。你可以靠自己節食或投資，也可以付錢給顧問，顧問會收取費用，但不保證你會成功。不過你選擇的飲食或投資策略是否為最佳的方法就另當別論了，就像飲食或策略背後的理論是否合理，也是另當別論。比起傳統上建議要多運動和少量、但均衡的飲食，你的飲食方式是否會更快、更容易持續減重？你選擇的股票策略是否會帶來超額報酬，賺得超過你無腦買指數型基金所獲得的報酬？遺憾的是，近年來大多數美國人的腰圍愈來愈粗，而他們的投資組合卻日益縮水。

把美國經濟與全球經濟進行數字上的比較，是很常見的事情，但把我們的集體體重與其他國家進行比較，通常只是生活趣聞。儘管美國人占世界人口的比率略低於5%，但我猜想，美國人的體重在全球人類生物量中所占的比率，要比這個數字大得多。）

　　本益比還有一個進階版，有些人認為很有幫助，它被稱為本益成長比（PEG ratio），就是本益比除以預期的年盈餘成長率（除以成長率數字的部分）。低本益成長比通常意味著股票被低估，因為與本益比進行比較後，可見盈餘的成長率較高。如果公司的成長速度足夠快，那麼高的本益比就沒問題。比方說，一家本益比為80倍、年成長率為40%的高科技公司，其本益成長比為2，可能聽起來很有前景。不過，一家呆板的製造公司，本益比為7倍、盈餘成長率為14%，本益成長比為0.5，則更具吸引力。（再次強調，這裡排除負數的數據。）

　　包括財經網站「The Motley Fool」和彼得・林區在內的一些投資者建議，買入本益成長比為0.5以下的股票，並賣出本益成長比高於1.50的股票，但也有一些例外。當然，要找到本益成長比如此低的股票，不是一件容易的事。

逆向投資的魅力

與技術面分析一樣，基本面分析同樣會引發的問題是：它有用嗎？使用基本面分析是否能讓你的投資績效，比買規模龐大的指數型基金還要好？價值型投資者認為的被低估股票，是否成了市場效率的特例？（請注意，「低估」一詞本身就是對效率市場假說的質疑，因為該假說認為，所有股票的估價總是恰恰好的。）

支持基本面分析的證據，比支持技術分析的證據更有說服力。而價值型投資似乎確實會產生更好的報酬率，例如許多研究顯示，本益比低（即被低估）的股票，比本益比高的股票帶來更好的投資報酬。但這種效應的影響力會因公司的類型和規模而異，而第六章要討論的風險概念會使這個問題變得複雜。

價值型投資經常與成長型投資形成對比，後者追逐高本益比的快速成長公司。根據一些成長股投資者的說法，這樣會帶來更高的報酬，因為這種股票受益於投資者的過度反應。畢竟，投資者往往太快認同圍繞著快速成長公司的炒作宣傳，而低估了巴菲特喜歡的穩健、但平淡無聊的公司，例如可口可樂。（我寫這書的書房裡，就堆滿了健

怡可樂的空罐子。）

　　而價值型投資就是以逆向而行作為訴求，許多基本面的分析策略也反映了這一點。比方說，「道瓊狗股」策略（dogs of the Dow）建議投資者從道瓊工業平均指數的三十檔股票中，買入本利比（price-to-dividend，簡稱P／D）最低的十檔股票。股息不是營收，但這個策略約略地接近買入本益比最低的十檔股票。由於這些公司是成熟的企業，這個策略認為，它們不太可能破產，因此它們相對較差的表現意味著它們暫時被低估了。這種策略也類似於財經網站「The Motley Fool」所提倡的策略，它在1980年代末和1990年代初開始流行。而比起規模龐大的標準普爾500指數的平均表現，它確實帶來了更大的獲利。然而，與所有此類策略一樣，隨著愈來愈多人採用，增加的報酬往往會減少。

　　與本利比或本益比相比，有一個比率似乎與收益的增加關係更為密切，那就是「股價淨值比」（price-to-book ratio，簡稱P／B）。分母B是公司的每股帳面淨值，即資產總值減去總負債和無形資產，再除以股數。與本益比相比，股價淨值比隨時間的變化較小，而且還有一個優點，即幾乎都是正值。帳面淨值是為了捕捉公司的基本情況，

但與營收一樣，它是很容易被人操控的數字。

　　儘管如此，經濟學家法瑪和肯尼斯・弗倫奇（Kenneth French）的著名、且有影響力的研究顯示，股價淨值比是有用的診斷工具。兩位作者將重點放在1963年至1990年期間，他們把紐約證券交易所和那斯達克的幾乎所有股票分為十組：股價淨值比最高的10%公司，次高的10%公司，一直到股價淨值比最低的10%公司。（這是按十分位數分組。）再一次，我們可以看到逆向策略取得了高於平均報酬率的結果。無一例外，股價淨值比低的組別，都比股價淨值比高的組別有更好的表現。股價淨值比最低的那組平均報酬率為21.4%，而股價淨值比最高的那組平均報酬率為8%。其他研究也有類似的結果，儘管不那麼明顯。有一些經濟學家，特別是詹姆士・歐沙那希（James O'Shaughnessy）聲稱，低的股價營收比（price-to-sales ratio，簡稱P／S），是更穩健的預測，可以取得高於平均的報酬。

　　在意公司的基本面指標不是什麼新鮮事。金融界的代表人物葛拉漢和大衛・陶德（David Dodd）在他們1934年的經典著作《證券分析》（Security Analysis）中，強調了在選擇買進的股票時，低本益比和股價淨值比的重要

性。有些人甚至規定，用低的估值比率來定義「價值股」，用高的估值比率定義「成長股」。還有更細微的定義，但人們一致認為價值股通常包括石油、金融、公共事業和製造業的大部分公司，而成長股通常包括電腦、電信、醫藥和高科技領域的大部分公司。

　　外國市場似乎為價值型投資者帶來了同樣的超額報酬。例如，根據本益比和股價淨值比，將一個國家的股票分為五個等級的研究大致發現，低估值比率的公司，比高估值比率的公司帶來更高的報酬。同樣的，研究發現，在接下來的幾年裡，那些被低估、冷門的股票表現更好。

　　還有其他類型的逆向反常現象。理查・塞勒和韋納・狄邦特（Werner De Bondt）研究了從1930年代到1970年代，每年在紐約證券交易所中，報酬率最高的三十五檔股票和報酬率最低的三十五檔股票。三到五年後，以前表現最好的股票的平均報酬率，低於紐約證券交易所指數的報酬率。而以前表現最差的股票的平均報酬率，則大大高於該交易所指數的報酬率。如前所述，羅聞全和麥金利在更近期的研究中，也得出了類似的逆向結論。但他們的結論明顯較弱，這可能反映了逆向策略愈來愈受歡迎，從而降低了效果。

另一個逆向投資思維的例子，來自管理大師湯姆‧畢德士（Tom Peters）的著作《追求卓越》（*In Search of Excellence*）。他在書中根據各種基本指標和數值認為，有許多公司是「卓越的」。在畢德士的書出版幾年後，蜜雪兒‧克萊曼（Michelle Clayman）使用相同的衡量標準，編制了一份「糟糕」公司名單（這是我用的字眼，不是她寫的），並比較了兩組公司的命運。再一次，結果出現均值回歸，糟糕的公司在被認定為糟糕的五年後，表現要比卓越的公司好得多。

封面魔咒

所有的逆向研究結果，都強調了我才剛簡單提到的一種現象的心理重要性：均值回歸。畢德士所謂的卓越公司竟會衰落，或者其他本益比和股價淨值比出色的公司竟會衰落，是不是就像中了《運動畫刊》（*Sports Illustrated*）的封面人物魔咒。

跟那些不關注體育的人說明一下（運動界的數字通常比商業領域的數字更值得信賴），2002年1月號的《運動畫刊》封面上，是一隻黑貓睜大著眼睛，象徵這期的封面

故事，是在講該雜誌惡名昭彰的封面厄運。許多粉絲斬釘截鐵地說，登上該雜誌的封面是失去地位的前奏，而文章的大部分內容都詳細描述了運動員或球隊在登上封面後，突然表現變差的例子。

有報導稱，聖路易公羊隊的四分衛柯特‧沃納（Kurt Warner）拒絕了與這期封面上的黑貓合影的邀約。他的球衣號碼是13號，所以或許他能承受的厄運是有限度的。此外，沃納在2000年10月登上封面的幾週後，他的小指折斷，有五場比賽無法上場。

運動員在登上該雜誌封面後，表現不如人意或更糟糕的案例之多，打從一開始就讓人印象深刻。這篇魔咒報導的作者亞歷山大‧沃爾夫（Alexander Wolff）帶領了一個研究小組，他們檢查了所有雜誌近兩千五百個封面，且追溯到1954年8月，以密爾瓦基勇士隊三壘手艾迪‧馬修斯（Eddie Mathews）為主角的創刊封面。但在那之後不久，馬修斯就受傷了。1982年10月，賓州州立大學保持不敗的戰績，所以四分衛陶德‧布萊克萊奇（Todd Blackledge）成為封面人物。接下來的一週，布萊克萊奇在對阿拉巴馬州州立大學的比賽中，被四次直接攔截，結果賓州州立大學大敗。這個封面魔咒在1993年5月下旬，

降臨到貝瑞‧邦茲（Barry Bonds）身上，似乎讓他陷入了輸球的厄運，在短短兩週內他的打擊率退步了0.04。

我說到這裡就好了，文章中列舉一個又一個的案例。研究人員發現，更普遍的情況是，在登上封面後的兩週內，超過三分之一的封面名人受傷、表現大退步或遭遇其他不測。關於封面厄運的原因有很多理論，許多理論認為，球員或球隊在壓力增加的情況下，導致表現失常。

但針對這種情況更好的解釋是，其實不需要解釋，因為這是你應該會料到的。不過就是受到均值回歸的影響罷了，人們卻往往要給予解釋。均值回歸是一種數學趨勢，因為極端值多少會有一部分是受到隨機變數的影響，所以之前的極端值會在之後朝向平均值偏移。體育和商業當然是要碰運氣的事業，因此會受到均值回歸的影響。遺傳學在某種程度上也是如此，因此非常高大的父母可以預期他們的後代也會很高大，但可能沒有他們那麼高大。類似的趨勢也適用於父母非常矮小的孩子身上。

假如我是一名職業飛鏢選手，在錦標賽期間向標靶（或報紙商業版的公司名單）投擲100次飛鏢，並創下紀錄成功擊中靶心（或上漲的股票）83次，下一次我投擲100次飛鏢，我可能不會有同樣好的表現。如果我這83次

命中靶心的事蹟出現在雜誌封面上（《運動畫刊》，或者金融刊物《霸榮》〔Barron's〕），我可能也會被認定為魔咒的犧牲品。

均值回歸的現象很普遍，歌手出了一張很棒的專輯之後，接下來的專輯通常沒有上一張來得好。暢銷書作家之後再出版的小說也是如此，這就是眾所周知的二年級症候群（sophomore slump），指第一年表現亮眼，次年卻不如預期。畢德士書中的優秀公司在經歷了幾年的好表現後，表現變得相對糟糕。也許同樣的例子還有世通的埃伯斯、Adelphia的約翰·里加斯（John Rigas）、安隆的肯尼斯·萊（Kenneth Lay）、環球電信的蓋瑞·溫尼克（Gary Winnick）、媒體集團斐凡迪（Vivendi）的尚—馬里·梅西埃（Jean-Marie Messier）（他是歐洲人）、奎斯特國際通訊公司的約瑟夫·納基奧（Joseph Nacchio），和泰科的丹尼斯·柯茲羅斯基（Dennis Kozlowski）。上述大公司的執行長在跌落谷底之前，都受到了媒體讚揚的報導。（諷刺文章網站Satirewire.com將這些名氣迅速消失、把公司吸乾的高階主管，稱為執行長魔人。）

不過，均值回歸也有較樂觀的一面。我建議《運動畫刊》可以考慮在**封底**的地方，刊登一名在這幾個月中表現

特別糟糕的知名球員。然後，如果球員在封底曝光後表現進步，他們可以進行專題報導。《霸榮》也可以在其封底做同樣的事情。

當然，預期情況會均值回歸，並不能說明所有的情況。但有數十項研究顯示，價值型投資在三到五年的時間裡，通常比成長型投資的報酬率要高。然而，重要的是要記住，均值回歸的效應明不明顯會因研究而異（這並不奇怪，有一些研究發現，價值型投資沒有比成長型投資好，甚至更差），交易成本可能會抵消部分或全部的獲利，而且投資者之間的競爭長期下來往往會讓獲利縮小。

在第六章，我將概括地討論風險的概念，但有一種特定類型的風險可能與價值股有關。即使在效率市場中，通常更高的風險也會帶來更大的報酬，這是不言而喻的事實。有些人認為價值型公司有風險，因為它們是如此平淡無趣，且容易被忽略，以至於它們的股價必須要更低才能帶來報酬！然而，用「有風險」一詞來描述很危險的，因為看起來好像解釋了很多事情，但其實根本什麼也沒有解釋。

會計障眼法

　　即使價值型投資比投資規模龐大的指數型基金更有道理（這當然沒有得到證實），但仍然存在一個大問題。許多投資者並沒有清楚理解本益比、股價淨值比和本利比中分母的精確含義。而且，不確切地使用這些數值，可能會付出很大的代價。

　　即使在日常情況下，人們也很容易因數字和金錢而困惑。想想那個眾所周知的故事：三個人去飯店參加會議，他們以30美元租了一個攤位。三人到了攤位後，飯店經理發現這個攤位只要25美元，自己多收了他們的錢。他給了行李員5美元，並指示他把錢還給那三個人。行李員不知道如何平均分配這5美元，所以決定給三個人各1美元，並將剩下的2美元放進自己的口袋裡。那天晚上晚些時候，行李員意識到這些人每人都付給他9美元（10美元減去他們從他那裡拿回來的1美元）。因此，由於這些人支付了27美元（3×$9＝$27），加上他自己拿走的2美元，加起來一共是29美元，行李員想知道還少掉的1美元跑到哪裡去了？究竟是怎麼一回事？

　　答案是，當然沒有少掉1美元。如果我們假設飯店經

理最初犯了一個更大的錯誤，你可以更容易地明白這一點。假設攤位的費用只有20美元，但卻向這些人收了30美元，所以他向他們多收了10美元。他給了行李員10美元，並指示他把錢還給那三個人。行李員不知道如何平均分配這10美元，所以決定給三個人每人各3美元，並將剩餘的1美元放進自己的口袋裡。那天晚上晚些時候，行李員意識到這些人每人給了他7美元（10美元減去他們從他那裡拿回來的3美元）。因此，由於這些人付了21美元（3×$7＝$21），加上他自己拿走的1美元，加起來一共是22美元，行李員想知道少掉的8美元到哪裡去了？但在這種情況下，比較不會認為總和應該是30美元。

如果人們對這些錢「消失」感到困惑（而且很多人都是如此），那麼是什麼讓我們如此自信，認為可以了解會計的複雜情況，然後竟打算以這樣對會計的理解程度，投資自己辛苦賺來的錢（甚至是容易賺來的錢）？正如最近的會計醜聞所披露的，即使你很懂這些會計概念，有時這對解讀公司的財務狀況也沒有什麼幫助。畢竟，弄清楚會計憑證的情況，並明白資產負債表、現金流量表和損益表如何相互影響等等，並不是投資者經常做的事情，而是會依賴分析師和稽核人員。所以，後者與投資銀行家和顧問

的職能沒有分工、反而混在一起時，會讓人擔憂投資者仍然無法了解公司的財務狀況。

如果稽核企業的會計師事務所也同時擔任該公司的顧問，則存在令人不安的利益衝突。（有一種跨越專業界限的類似行為讓我更加不安，不過已經被紐約檢察總長史必哲遏制了。其中一個典型的例子是葛拉曼，他可以說是世通等電信公司中最有影響力的分析師，他本應該對那些公司的投資和承銷進行冷靜的分析，但卻不道德地捲入醜聞之中。）這就好比收了錢來幫助學生成績進步的私人家教，就不應該同時負責給學生的考試評分，而運動員的私人教練也不應該在運動員參加的比賽中擔任裁判。雖然世通的情況可能不完全相同，因為會計師事務所辯稱，從事世通的稽核和諮詢的是不同部門。儘管如此，至少看得出來有不當的行為，而且也把現實狀況說明得夠清楚了。

這類不當行為有多種形式，像安隆的會計假帳，和誤導人們的境外控股公司、複雜的衍生性商品交易，但這些至少還是微妙和近乎優雅的作帳動作。相比之下，世通公司的舉動如此簡單粗糙，以至於安達信會計師事務所看似視而不見的舉動，令人震驚。不知怎麼地，安達信會計師事務所的稽核人員，沒有注意到世通把38億美元的公司

支出，算在資本投資的帳上。由於支出是要在發生時從利潤中扣除，而資本投資則可以分攤到好幾年中，這種會計「錯誤」允許世通至少在兩年、甚至更長時間內呈報利潤，而非虧損。在這個意外發現曝光之後，調查人員才了解到，透過同樣的詭計，加上在情況需要的時候，公司把資金從誇大的一次性費用（壞帳等）轉移成營收，如此營收又虛增了33億美元，實際上是虛報了一筆巨額利潤。最後（幾乎快到最後了？）2002年11月，美國SEC指控世通又虛報了20億美元的營收，財報的錯誤總額超過90億美元！（這個金額可以進行很多比較，其中一個是，90億美元是索馬利亞GDP的兩倍以上。）

世通的會計造假最早在2002年6月曝光，那時我已經投入了大筆資金在這家公司上，並且無能為力地看著它的價值縮水到幾乎為零。埃伯斯和世通不光是像上面行李員碰到的問題那樣，讓1美元消失而已，他們可是導致大約1,900億美元憑空消失，相當於世通在1999年的市值——每股64美元乘以30億股。出於諸如此類的原因，有人可能會說，1990年代幾兆美元的繁榮和2000年代初期規模不相上下的經濟衰退，在很大程度上是由電信公司造成的。（對於如此龐大的數字，記住財務估算的基本法則很

重要：一兆美元加上或減去幾十億美元，仍然是一兆美元。就像十億美元加上或減去幾千萬美元，仍然是十億美元一樣。）

我是受害者，但我很遺憾地說，主要的加害者不是世通的管理階層，而是我自己。把這麼多錢投入一檔股票，沒有掛單停損賣出或購入賣權（put）作為投資的保險，還融資買股票（第六章將討論賣權和保證金）都是愚蠢的行為，當然我的投資操作也不是根據公司的基本面。此外，即使財報運用了會計障眼法，也應該可以從基本面資訊和其他警告信號看出端倪。

出現問題的主要跡象，是電信產業的發展過剩。有幾位評論員指出，該產業在過去十年的發展軌跡，類似美國內戰後的鐵路產業。當時，美國西部的開放、政府的利誘和新技術，導致鐵路公司建造了數千英里不必要的鐵軌。他們大量借款，每家公司都試圖成為龍頭。然而，他們的收入無法跟上不斷增加的債務，隨之而來的公司崩潰，導致了1873年的經濟蕭條。

用光纖電纜代替鐵軌，用全球市場的開放代替美國西部的開放，用網際網路代替洲際鐵路網，用現在政府的利誘代替當時政府的利誘，就可以發現電信產業和鐵路產業

之間的相似之處。電信公司鋪設了數百萬英里閒置的光纖電纜，耗資數十億美元，只不過是為了獲得根本沒有蓬勃發展的線上音樂和寵物商店的需求。簡而言之：債務增加，競爭加劇，收入下降，企業開始破產。然而，幸好在撰寫本文時，至少沒有出現經濟衰退。

現在回過頭來看，當時情況顯然是無法支撐下去的，世通（還有環球電信公司和其他公司）的會計手法和欺騙行為只是在拙劣地掩飾遲早就會曝光的事情，這些公司其實都虧了很多錢。儘管如此，不管是誰，若沒有發現到產能過剩的問題，或者沒有看穿炒作和會計假帳，都是情有可原的。（如果我可以再次鞭打自己的話，我真的很不應該，世通公司的管理階層和會計師當然不用為我的愚蠢投資行為負責。）我覺得，大多數人的沮喪和憂慮的真正根源，與其說是會計師的瀆職行為，不如說是市場的持續低迷情況。假設股市處於上漲行情，對於已經提出和實施的各種會計改革，大眾的興趣或許可以媲美對偏微分方程或對數學家康托爾的「連續統假設」（Cantor's continuum hypothesis）的熱衷程度吧。

改革能做到的事情有限。畢竟，會計師有無數的方法來掩飾財務報表，其中許多都可以隱藏在合法的處理方式

中。這凸顯了會計行業中的另一種困境：記帳的精確性和客觀性並不吻合實務上許多模糊和主觀的做法。事實上，會計師每天都必須做出有爭議的判斷和決定，例如庫存的評估方式、退休金和醫療保健的負擔、商譽的量化、擔保成本，或費用的會計科目分類。而且，一旦做出這些判斷，就會產生數字，精確到每一分錢，讓人覺得似乎是不容置疑的。

這種情形類似應用數學中的情況，數學模型的適當性向來容易遭人批評。像是：這個模型適合這種情況嗎？這些假設是否合理？然而，一旦假設成立，並採用了模型，由此產生的數字和架構清晰度就會有不可抗拒的吸引力。兩百年前，德國詩人歌德在回應這種吸引力時，興高采烈地這樣描述會計：「複式記帳法是人類智慧最精美的發明之一。」

然而，只在意記帳和輸出的數字，不肯檢查那些假設的合法性，這在數學和會計方面都可能帶來嚴重後果。回想一下獵熊者的部落，一旦他們成為複雜的向量分析運算專家之後，他們就滅絕了。在他們接觸數學之前，部落成員用弓殺的熊能讓大家都吃到飽。不過，在精通了向量分析之後，他們就挨餓了。理由是，每當他們發現東北方向

有一隻熊，他們就會按照向量分析的建議，向北和向東各發射一支箭。

而比會計規則和模型的適當性更重要的，是這些做法的透明度。例如，公司把給高階主管和員工的股票選擇權列為支出，是相當合理的做法。但卻很少有人這樣做。不過，只要大家都知道這一點，損害就沒有想像中大了。大家都知道發生了什麼事，並且可以去調適。

如果會計做法是透明的，那麼在必要的時候，獨立且受到信任的外部稽核人員就可以發出聲明，就像第一章中獨立且受到信任的女族長那樣發出警告。透過使一些資訊成為共識，稽核人員（或SEC）可以提醒相關人員注意違規行為，並鼓勵採取補救措施。若稽核人員不具獨立性，或不受到信任（就像之前離職的美國SEC主席哈維・皮特〔Harvey Pitt〕），那麼他只是違規行為的另一名參與者。儘管可能有很多人知道有違規行為，但不會眾所皆知（亦即每個人都知道其他人知道，並且知道其他人也知道他們知道這個情況，依此類推），所以也就不會有任何補救措施。同樣的，一旦家族祕密成為共識，而不僅僅是相互知識時，這些祕密就露出不同的性質，然後就有解決的希望。家族和公司的「祕密」（比如世通對費用的會計科

目認列錯誤）通常知道的人很多，只是沒有人去談論罷
了。

　　而要使會計系統發揮效用，就需要透明、信任、獨立
和權威，這些條件都是非常需要的，但有時卻很缺乏。

CHAPTER 06

風險、恐慌與血淚選擇權

Options, Risk, and Volatility

試想有一位長相很醜的數學物理學家,他每天晚上都去同一間酒吧,總是坐在倒數第二個座位,並且對著他身旁的空位說話,就好像有人在那裡一樣。酒保注意到了這一點,在情人節那天,物理學家說得特別興致高昂時,酒保問他,為什麼要對著空氣說話。物理學家嘲笑酒保對量子力學一無所知,然後說:「根本沒有真空這種東西,虛擬粒子進進出出真實的空間,代表一位美女出現的機率並非零。所以她出現時,我想在這裡約她出去。」酒保很困惑,問物理學家為什麼不直接問酒吧裡的真實女人,「說不定,她們其中可能會有人答應。」物理學家冷笑回答:「你知道那機率有多低嗎?」

　　在交易股票選擇權時,能夠估計機率,尤其是估計微小的機率,是絕對必要的。我很快就會解釋選擇權中的賣權和買權(call),並且我們將看到,為什麼以15美元的履約價買進2003年1月到期的WCOM買權,最終會賺錢的機率,如同小甜甜布蘭妮突然出現在醜陋的物理學家面前。

鬼魂、彩券與選擇權

以下有個思想實驗，有兩個人（或是平行宇宙中的同一個人）的生活大致相似，直到他們各自竭盡全力做出某些重要的事情。這些努力同樣值得稱許，也都可能獲得成功，但其中一項努力最終會給X和他的親朋好友帶來好處，而另一項努力最終會給Y和他的親朋好友帶來壞處。X和Y似乎應該為他們的決定獲得大致相似的評價，但通常不會。儘管可能沒有根據，但X會獲得善意的評價，而Y會得到嚴厲的評價。我之所以這麼說，部分原因是我想為自己的投資行為推卸責任，聲稱自己是沒有過錯的Y先生，但我沒有資格。

到了2002年1月下旬，WCOM已跌至每股10美元左右，我不僅為此感到沮喪，而且對賠了這麼多錢感到內疚。在股票市場上賠錢，往往會讓那些賠錢的人感到愧疚，無論他們是否做了什麼應受譴責的事情。不管你對市場的隨機性有何看法，運氣發揮了巨大的作用，這是無可爭辯的。因此，你希望出現好事，卻事與願違時，沒有道理要感到內疚。如果我當時就這樣安慰自己，我可以說自己就像Y先生：那不應該是我的錯。唉，但就像我提過

的，一股腦兒地重押特定股票（或該檔股票的選擇權），理應怪罪自己不對。

華爾街有一個詞用來描述投機交易者和其他「爆掉」（即損失慘重）、並因此成為空虛、死氣沉沉的人，這個詞是「鬼魂」（ghost）。我對鬼魂產生了比我想像中還要更多的同情。他們通常承擔**不必要的**風險，導致他們陷入行屍走肉般的狀態，但這些風險是他們原本可以、而且應該「分散開來」的。而有一種可能違反直覺、但可以降低風險的方法，就是買賣股票的選擇權。

許多人把股票選擇權看成是吃角子老虎機、輪盤或押注於勝率很低的馬，也就是純粹的賭博。其他人則認為選擇權是極大的誘因，讓員工繼續待在公司上班，或讓公司上市的獎勵。我對這些描述沒有異議，但大多數時候，選擇權更像是一張無趣的老套保單。就像為了防止洗衣機壞掉而買保固服務一樣，人們經常購入選擇權以防止股票大跌。選擇權可以降低風險，而風險是投資者厭惡的事情、難題和禍根，也是本章的主題。

至於選擇權如何運作，我們最好用幾個數字範例來解釋。（而人們如何濫用它們，將在下一節討論。）假設你有1,000股的美國線上（股票代號AOL，這裡只不過是為

了讓WCOM休息一下），現價為每股20美元。儘管你認為從長期來看，這檔股票或許會上漲，但你覺得它有可能在未來六個月內大跌。那麼，你可以用適當的價格，購入1,000股賣權來進行投保。這將使你有權利在接下來的六個月內，舉例來說，以17.50美元的價格售出1,000股的AOL。如果股票在這六個月期間上漲，或跌幅不超過2.50美元，則你的賣權就變得毫無價值（就像你的洗衣機保固到期後，若洗衣機沒有故障，那麼你的保固將變得一文不值）。假如到時股價高於履約價，你以17.50美元售出股票的權利就不值得去行使。但是，假設股票在六個月內暴跌，比如說，跌至每股10美元，那麼你以17.50美元售出股票的權利就至少價值每股7.50美元了。購入賣權是在股票暴跌時，避免損失的方法。

我開始寫這一章時，是WCOM剛剛跌至10美元後的幾天，不過才寫了幾個段落，股價又跌破每股8美元。我真希望我能在幾個月前大筆購入賣權，當時的權利金價格還非常便宜。

除了賣權之外，還有買入買權。購入買權使你有權利在指定期間內，以特定價格買入股票。如果你堅信一檔股票將在未來一年內大幅上漲，例如這次是以現價每股25

元的英特爾（股票代號為INTC）為例，你可能會很想購入它的買權。也許你買不起很多股的INTC，但你買得起INTC的買權，它讓你有權利在明年以30美元價格購買INTC股票。如果股票在接下來的一年中下跌，或上漲不到5美元，那麼這些買權就沒有價值了。因為假如英特爾股價低於30美元，你以30美元買進股票的權利就不值得行使了。但是，假設股票在一年內上漲到每股40美元，那麼這張選擇權合約至少每股價值10美元。購入買權是在賭股價會大幅上漲。一旦股價開始飆漲，變得太貴難下手，這個方法也能確保你參與到股票上漲行情。（上述AOL和INTC選擇權範例中的「履約價」各為17.50美元和30美元。而現貨價高過履約價、即買權處在「價內」時，選擇權才有內含價值〔intrinsic value〕。）

購入賣權和買權最吸引人的一點，是你的虧損僅限於你投入的權利金，但買權的潛在獲利是無限的，而賣權的潛在獲利也是非常可觀。由於這些巨大的潛在獲利，選擇權可能會引發相當多的幻想。例如，很多投資者會想，「履約價為30美元的INTC選擇權，成本約為1美元，假如明年股價升至45美元，我的投資獲利為十五倍。如果它漲到65美元，我的投資獲利就三十五倍了。」這對一

些投機者的吸引力與彩券極為類似。

　　儘管我經常讚許伏爾泰的妙語，他說彩券向笨蛋（或至少向數盲）徵稅，沒錯，我確實買了一大堆現在毫無價值的WCOM買權。事實上，在我持有該股票的兩年中，我花了好幾千美元，以15美元的履約價購入了WCOM在2003年1月到期的買權。我認為，公司不管有什麼問題都是暫時的，到了2003年問題自然就會解決，在這個過程中，我的問題也會迎刃而解。說我就是那個醜陋的物理學家吧。

　　當然，賣權和買權是有市場的，這意味著有人在售出選擇權，也有人在購入選擇權。選擇權賣方的收益與買方相反，這一點並不令人訝異。如果你以30美元的履約價售出一年到期的INTC買權，那麼除非股價到時超過30美元，不然你將保留你售出買權的權利金，並且不用支付任何費用。但是，如果股票漲至35美元，你必須以30美元的價格把INTC股票賣給買權的買方。因此，售出買權是賭股票在某一特定時間內，會下跌或僅小幅上漲。同樣的，售出賣權是賭股票會上漲或僅小幅下跌。

　　一種常見的投資策略是買進股票，並同時售出該股票的買權。舉例來說，你以每股25美元的價格買了一些

INTC股票，並以30美元的履約價，售出了六個月的買權。如果股價沒有上漲到30美元，你可以保留售出買權的權利金。但是假如股價確實超過30美元，你可以將自己的股票賣給買權的買方。所以透過售出買權，可以把相當大的風險控制在一定的範圍內。而售出「掩護性」買權（covered calls）（掩護性是指你手上已經持有股票，在要履行對買權買方的合約時，無須高價買進股票），是投資者眾多避險的方式之一，可以用來最大化報酬和最小化風險。

更普遍的情況是，你可以買賣標的股票，並搭配不同到期日和履約價的買權和賣權，以創造各式各樣的潛在獲利與虧損。而這些策略組合的名稱包括：「跨式」（straddle）、「勒式」（strangle）、「禿鷹」（condor）和「蝴蝶」（butterfly），但無論它們以什麼奇怪變形的動物來命名，就像所有保險合約一樣，都是要花錢的。金融界一個非常困難的問題是：「如何對賣權或買權進行估價？」如果你為自己的房屋投保，一些決定保費的因素是房屋的重置成本、保單生效的時間長度，以及自負額。而替股票買保險時，要考慮的除了上述因素，還有與股價漲跌有關的其他因素。

儘管保險的施行和理論有悠久的歷史（保險交易所倫敦勞合社的歷史，可以追溯到17世紀末），但直到1973年，人們才找到方法來合理地為選擇權分配成本。在那一年，經濟學家費雪・布萊克（Fischer Black）和邁倫・修爾斯（Myron Scholes）發表了一個算式，儘管之後經過了多次修改，但仍然是所有類型選擇權的基本估價工具。他們和羅伯特・默頓（Robert Merton）的研究，在1997年獲得了諾貝爾經濟學獎。

　　我在第四章提到的巴舍利耶，也在一百多年前設計了一個選擇權算式。這個算式是他在1900年著名的博士論文中提出的。在該論文中，他首先將股票市場視為一種隨機過程，而在過程中，股價的上下波動會呈現常態分布。他的研究利用了布朗運動（Brownian motion）的數學理論，[1]遠遠領先當時的年代，因此在很大程度上被人們給忽視了。雖然他的選擇權算式頗具先見之明，但終究會造成誤導。（其中一個理由是，巴舍利耶沒有考慮複利對股票報酬的影響。長期下來，這會導致所謂的「對數常態」〔lognormal〕分布，而不是常態分布。）

1　布朗運動指懸浮在流體（液體或氣體）中的粒子，因流體中快速移動之原子或分子的撞擊，所產生的隨機運動。

而布萊克—修爾斯（Black-Scholes）選擇權算式取決於五個參數，分別是：股票的現價、選擇權到期前的時間長度、利率、選擇權的履約價，和標的股票的波動性。在不深入算式的運作方式下，我們可以看到這些參數之間的某些大致關係是一般人都知道的。例如，兩年後到期的買權的成本，必須高於三個月內到期的買權，因為較晚的到期日使股票有更多時間超過履約價。同樣的，履約價格愈靠近現價，實現機率愈高，所以權利金就愈貴。而波動性高的股票選擇權，其成本將高於股價幾乎每季都不太有變動的股票選擇權（就像一個踩在彈跳棒上的矮個子，會比跳不起來的高個子，更有可能窺看到2.7公尺高的柵欄另一頭的東西）。比較無法直覺明白的是，假設其他參數維持不變，買權的成本也會隨著利率而上升。

　儘管有很多關於布萊克—修爾斯選擇權算式的書籍和網站，但這個算式及其不同版本更可能被專業交易者使用。賭徒是不會拿來運用的，他們只會依賴簡單的常識和直覺。賭徒把選擇權視為純粹的賭注，他們對於仔細估算選擇權的興趣，就像到賭場玩的人對吃角子老虎機報酬率的興趣一樣。

非法槓桿的誘惑

由於買進、賣出或光是擁有選擇權就可能產生槓桿作用，有些人光是賭一把還不滿足，他們還想在過程中插手介入，並直接影響結果，所以他們有時候就會忍不住把腦筋動到選擇權上。其中一群人是執行長和其他管理階層人員，如果他們能夠以某種方式策畫（不擇手段，或者經常透過做假帳）來提高公司的股價，他們就能大撈一筆。即使股價只是暫時上漲，突然值錢的買權也可以讓他們「掙到」數千萬美元。這是「拉高出貨」的高階版本，導致最近出現很多企業的瀆職行為。

（這種瀆職行為可能會成為一部有趣小說的題材。在公共電視上，我們有時會看到創意發想的節目，像是讓很多歷史人物聚在一起，進行想像中的對話。比方說，想像達文西、愛迪生和富蘭克林在一起討論創新發明。有時也會加入當代的人物，或者單純讓傑出的前人配對在一起，也許是同為哲學家的卡爾・波普〔Karl Popper〕和大衛・休謨〔David Hume〕、同為科學家的史蒂芬・霍金和牛頓，或者美國前國務卿季辛吉和政治家馬基維利。最近，我試著在想，我可以怎樣把當今的頂尖執行長、投資者或

分析師兩兩配對。有很多書在講柏拉圖、亞里斯多德和其他古代智者與當代商業經營方式的假設關聯，但我最感興趣的對話，是現在的投機分子和一些過去成功的騙子之間的對話，也許是柯茲羅斯基和馬戲團大師巴納姆〔P. T. Barnum〕，或者肯尼斯‧萊和魔術師哈利‧胡迪尼〔Harry Houdini〕，或者可能是埃伯斯和電影《孽海癡魂》〔Elmer Gantry〕中的斂財神棍艾爾默‧甘特里。）

選擇權的槓桿作用也可以發揮做空的效果，即「做空與扭曲」的選擇權版本。一個特別可惡的例子，可能與世貿中心爆炸案有關。就在2001年9月11日之後，有報導稱，基地組織在歐洲的特務早在該月月初的時候，購入了價值數百萬美元的多種大盤指數的賣權，因為即將發生的攻擊事件將導致這些指數的價值暴跌，從而使他們的賣權價值暴漲。儘管瑞士和其他地方的銀行保密法讓我們無法得知實際的情況，但是他們恐怕成功了。

更常見的是，人們購入賣權，然後試圖以不那麼濫殺無辜的方式壓低股價。例如，我的券商朋友告訴我，他幻想寫一部懸疑小說，投機者購入了公司的賣權，該公司的高階管理人員是公司成功與否的關鍵。然後，這些虛構的投機者開始為難、暗中陷害高階管理人員，最終還置人於

死地，以便從即將值錢的賣權中獲利。世通的聊天室是各種毫無根據謠言的發源地，曾經有人在討論，說世通的管理層是否可能被勒索，因為害怕某些可怕的祕密會被洩露，才做了這些不智之舉。當時的推測是，勒索者購入了WCOM的賣權。

複雜的情況比比皆是，但影響股票選擇權的基本邏輯也同樣會影響衍生性金融商品的價格。在英文裡，衍生性金融商品（derivative）與微積分中的導數（derivative）概念是同一個字。衍生性金融商品是一種金融工具，其價值由某種標的資產來決定，例如：公司股票、棉花、五花肉和天然氣等商品，或者幾乎任何價值會隨時間推移而變化很大的東西。這些金融商品同樣會引誘投機者，去直接改變、影響或操縱情況，而且這樣做的機會更是不勝枚舉，也可以成為一部引人入勝的商業懸疑小說的題材。

交易選擇權和衍生性金融商品所涉及的槓桿作用，讓人想起阿基米德的經典名言。他認為，只要有一個支點、一根足夠長的槓桿，以及可以站立的地方，他就可以舉起地球。而許多公司的名字都蘊含了這種改變世界的夢想，如世界通信公司、環球電信公司、量子基金集團（這是喬治·索羅斯〔George Soros〕旗下的公司，他對投機可說

是再熟悉不過的了）和其他可能夢想同樣遠大的公司，它們真的很能說明槓桿和選擇權背後，暗喻著沉重的包袱。

人們還可以觀察表面上與金融無關的情況，從中辨識出類似選擇權的買賣和炒作等事情。例如，隨著愛滋病患者的壽命延長，替愛滋病患者支付醫療費用，以換取成為患者的保險單受益人，這種做法已經消失了。但是，如果修改了交易，使雙方協議上有一個時間限制，那就可以視為在出售標準的選擇權。「選擇權買方」將支付一筆錢，患者／選擇權賣方會使買方成為約定期限內的受益人。如果患者碰巧沒有在那段時間內過世，則「選擇權」就會過期。也許這又可以寫成另一部懸疑小說？

在日常生活中，從教育、計畫生育到政治，相對可以接受的選擇權買賣和運用都發揮著重要作用。比方說，政治選擇權（更廣為人知的是捐款給相對不知名的候選人從事競選活動），通常在候選人競選失利後，就變得毫無價值了。然而，如果候選人當選，這個「買權」就變得非常有價值，使捐款者可以使喚新的公職人員。這麼做沒有問題，但直接操縱情況，使政治選擇權的價值可能因而增加，這樣一般會被稱為「卑鄙的伎倆」。

雖然選擇權有時會產生這些過分的行為，但是選擇權

一般來說是好的，它是有用的潤滑劑，讓謹慎的避險者和冒險的賭徒組成互利的市場。只有那些選擇權持有者做了會直接影響選擇權價值的事情時，槓桿的誘惑才會變得可怕。

賭股票會下跌，是反社會？

華爾街有一句古老的名言這麼說：「如果一個人賣出自己沒有的東西，那他必須把東西買回來還，否則就得進監獄。」這些話暗示了「賣空」，即賣出自己並不持有的股票，希望股價會下跌，並且可以在未來以較低的價格買回股票。這種做法風險很大，因為價格可能會在此期間急劇上漲。但許多人是由於另一個原因，才不贊成賣空，他們認為賭股票會下跌是惡劣或反社會的行為。你可以賭你最喜歡的馬會贏一個馬身的距離，但不是賭其他馬會斷腿。然而，一個簡單的例子顯示，在市場過於樂觀偏頗的時候，賣空可能是對市場必要的修正。

想像一下，一群投資者對 X 公司的股票持有不同的看法，從非常看跌的 1、中性的 5 或 6，到非常看漲的 10。一般來說，誰會買這檔股票？答案通常是那些對這檔股票

評估分數在7到10之間的人，假設他們給的平均分數為8或9。但是，那些不看好該檔股票、評分為1到4之間的投資者，他們賣空X的可能性，和評分為7到10的投資者會買進的可能性一樣高。如果是這樣的話，那麼市場對於這檔股票的平均評分，可能是更實際的5或6。

另一種積極看待賣空的方式，就是這樣可以收到雙倍的股票消息。假設你什麼消息都相信，看壞股票和看好股票的消息就會一樣實用。賣空有時也稱為「融券」，它與「融資」密切相關，即跟券商借錢買股票。

下面解釋融資買進，假設你擁有5,000股WCOM，股價為每股20美元（啊，追憶我曾有的財富）。由於你在WCOM的投資價值為10萬美元，你可以向券商借到這個金額。如果你非常看好WCOM，並且有點魯莽，你可以運用這筆資產再買5,000股，使你持有的WCOM市值總共為20萬美元（20美元×1萬股）。聯邦法律規定你欠券商的金額，不能超過你所持資產總市值的50％。（融資的百分比會因券商、股票和帳戶類型而異。）所以，如果WCOM的股價升至每股25美元，情況就沒問題，因為你欠券商的10萬美元，將僅占你WCOM股票25萬美元（25美元×1萬股）市值的40％。但請想想看，假如股價跌至

每股15美元會怎樣？你現在所欠的10萬美元占你WCOM股票15萬美元（15美元×1萬股）市值的67％了，這時你會收到「追繳令」，需要立即將足夠的資金（2萬5,000美元）存入你的帳戶，這樣才能再度符合50％的規定。股價若進一步下跌，你就會收到更多的追加保證金通知。

我覺得很丟臉要再來談我對WCOM的熱愛（其他人可能會用不太好聽的字眼，來描述我與這檔股票的關係）。這導致我用融資買進該股，並在該股長期無情地下跌時，**繼續補錢進去**。我可以證明，收到追繳保證金通知時（通常是以電話告知），會讓你感到不安，並讓你面臨殘酷的選擇：是要立即賣掉持股，轉成空手？還是趕快去籌一些錢，繼續凹單？

我第一次收到補繳WCOM的保證金通知時，就可以說明這種情況。雖然催繳的金額很小，但我傾向要賣出一些股票，而不是把更多的錢補進帳戶中。如今想來很不幸的是，我當時急需買一本書，於是決定去費城中城區的博德斯書店（Borders）找看看。在找書的過程中，我看到了「堅持下去」這句話，並意識到我仍然想堅持下去。我也發現嘉信券商離書店很近，而且我口袋裡有一張支票。

我太太跟我在一起，雖然她知道我有投資WCOM，

但她當時並不知道這是我的重倉股，也不知道我是用融資買進。（我承認這表示我的理財方式並沒有很透明，即使是最放任的家庭投資會議也不太可能批准我的做法，對於矇騙配偶一事，我認罪。）她到書店的樓上時，我偷偷走出書店，並補繳了保證金。我與WCOM的不正當戀情仍繼續下去，偶爾會令人興奮，但多半是引起焦慮，毫無樂趣可言，更不用說代價慘痛了。

不過，我用融資買WCOM，與世通的埃伯斯用融資買股的情況相差甚遠，他可是借了大約4億美元來買WCOM的股票，這讓我感到有些欣慰。（最近的指控說他借了大約10億美元，其中一些是出於與公司無關的個人原因。相比之下，安隆的肯尼斯·萊只借了1,000萬到2,000萬美元。）最終，由於他無法支付不斷膨脹的保證金，董事會向他提供了一筆非常低息的貸款。這是導致投資者進一步恐慌拋售，以及我更常去博德斯書店的一個因素。

進行賣空或融資的人相對較少，但這種做法在避險基金業非常普遍，這些私募基金受到的監管較少，而這類基金管理者幾乎採用了人們所知的所有金融工具。他們可以賣空、融資、使用各種類型的槓桿，或進行複雜的套利

（幾乎同時買入和賣出同一檔股票、債券、商品，或任何東西，以便從微小的價差中獲利）。它之所以被稱為「避險基金」，是因為許多從業人員都試圖替有錢的金主把風險降至最低，然而有些避險基金根本無法替他們的投資避險。

後者最好的例證，是1998年長期資本管理公司（Long-Term Capital Management）的倒閉。這是一家避險基金，其兩位創始合夥人默頓和修爾斯正是前面提過的諾貝爾獎得主，他們與布萊克一起推導出著名的選擇權定價算式。即便長期資本管理公司的董事會中，有這幾位帶來深遠影響的思想家，但這場災難還是擾亂了全球金融市場，要不是採取了緊急措施，可能會嚴重破壞全球金融市場。（話說回來，自由放任派主張應該要讓這家基金公司倒閉。）

我承認這個故事讓我在某種程度上自我感覺良好，因為相比之下，我自己的危險行為就顯得小巫見大巫了。然而，長期資本管理公司會倒閉是否因諾貝爾獎得主及其模型出了錯，這一點並不清楚。許多人認為，這是市場「完美風暴」的結果，即極其罕見的巧合事件竟同時出現。（但主張默頓和修爾斯與公司的倒閉沒有瓜葛仍有點虛

偽,因為許多人會投資長期資本管理公司,正是因為該基金在吹捧這兩位大師和他們的模型。)

　　長期資本管理公司遇到的具體問題,是全球市場缺乏流動性,[2]再加上認為有一些因素是獨立、可以被忽略的低機率事件,但其實沒有發現當中的連帶關係,因而使基金模型的漏洞更加嚴重。為了說明這一點,請想想看,在任何特定的一天,紐約有3,000名人士死亡的可能性。如果他們之間沒有任何關係,這個可能性是微小到不行的數字,因為是一個極小機率的三千次方。然而,假如這些人大多都在同兩棟建築物中工作,那麼允許我們把個別事件機率相乘的獨立性假設就不成立了。3,000人死亡的可能性仍然非常小,但已經不是微小到不行的數字。當然,長期資本管理公司出事的機率絕對沒有那麼低,而且根據一些人的說法,是可以、而且應該已經預料到了。

惡人、內線交易與機率實驗

　　對過去幾年商業新聞裡常見的公司詐欺和浮報事件,

2　由於當時大量的資金逃出俄羅斯債券市場,長期資本管理公司淪為流動性外逃的犧牲品。

我們很自然會採取道德說教的態度。當然，本書並沒有完全捨棄這種態度。然而，基本的機率問題及其延伸情況顯示，有一些反對內線交易和炒作股價的論點相當薄弱。許多人厭惡這些做法的主要原因，似乎是道德上的憤怒，而不是對投資者的實際傷害。

讓我從最初的問題開始解釋，下列兩種情況，你寧願碰到哪一種？第一種情況是，你獲得一枚公平的硬幣，進行拋擲。如果人頭朝上，你能獲得1,000美元。假如數字朝上，你會損失1,000美元。在第二種情況中，你獲得一枚偏差情況非常嚴重的硬幣，不過是由你決定人頭朝上，還是數字朝上算贏。如果硬幣落地的時候，是你決定算贏的那一面朝上，你可以獲得1,000美元，反之則損失1,000美元。雖然大多數人比較喜歡拋公平的硬幣，但其實你在這兩種情況下獲勝的機會都是二分之一。因為若你選擇有偏差的硬幣，雖然一面朝上的機率比另一面高，但在由你決定哪一面朝上算贏的情況下，這兩面被你選中的機率還是各為二分之一。

現在考慮另外一組類似的實驗。在第一種情況下，你必須從裝有十顆綠球和十顆紅球的甕中，隨機抽出一個球。如果抽到綠球，你贏得1,000美元。假如抽出紅球，

則損失1,000美元。在第二種情況下，你完全不信任的人在甕中放了數量不確定的綠球和紅球。你必須決定是賭綠色，還是紅色，然後隨機選擇一顆球。如果你抽出你所賭的顏色，你就贏得1,000美元。否則，你會輸掉1,000美元。同樣的，在這兩種情況下，你獲勝的機率都是二分之一。

最後，再考慮第三組類似的實驗。在第一種情況下，你在完美效率市場上買了一檔股票，如果第二天上漲，你就賺1,000美元。假如它下跌，你就賠1,000美元。（假設在短期內，上漲和下跌的機率，都是二分之一。）第二種情況是市場上有內線交易和炒作行為，由於這些非法行為，股票很可能在第二天上漲或下跌。你必須決定買進，還是賣出該檔股票。如果你猜對了，你就賺1,000美元。假如沒有，則賠1,000美元。在這兩種情況下，你贏錢的機率同樣是二分之一。（在第二種情況下，你的勝算甚至可能略高，因為你說不定知道內部人士的動機。）

在這三組實驗中，第二種情況只是看起來不公平，但獲勝的機會其實和第一種情況相同。我絕不是在為內線交易和炒作股價辯護。出於許多原因，這些行為是不對的，但我確實認為在某種意義上，它們只是眾多不可預測的影

響股價因素中的兩個罷了。

我猜想，許多內線交易和炒作股價案件，導致惡人猜錯了市場對他非法行為的反應。對這些犯罪的人來說，他們一定很洩氣（對其他人來說，則很可笑）。

生活中的期望值

我們能預料什麼？我們應該期待什麼？可能的高點、低點和平均值是多少？無論上述的數值是身高、天氣，還是個人收入，與能提供資訊的平均值相比，極端值更有可能成為頭條新聞。例如，「誰賺的錢最多」通常比「平均收入是多少」更引人注目。（儘管這兩個答案總是令人懷疑，因為可別嚇到喔，就像公司會做假帳一樣，人們也會對自己賺了多少錢撒謊。）

然而，比平均值還更能提供資訊的，是數值的分布情況。比如，所有人的收入分布情況如何？它們與平均值的差距有多大？如果一個社區的平均收入為 10 萬美元，這可能反映出幾乎每個人的收入都在 8 萬美元到 12 萬美元之間。或者，這可能意味著，絕大多數人的收入低於 3 萬美元，並且在平價連鎖店凱瑪百貨（Kmart）買東西，然而

該公司的居家百貨用品部門代言人（與公司同樣名聲不好的）瑪莎·史都華（Martha Stewart）也住這裡，她把大家的平均收入拉高到10萬美元。因此，「期望值」和「標準差」這兩個數學概念，可以幫助我們澄清這些問題。

期望值是一種特殊的平均值。具體來說，一個變數的期望值是根據所有可能的值的機率，進行加權後所得到的平均值。例如，如果根據分析師的建議、我們自己的估算、數學模型或其他消息來源，我們假設二分之一的時間，某檔股票將獲得6%的報酬率，三分之一的時間報酬率為－2%，剩下六分之一的時間報酬率為28%。那麼，平均而言，股票在任意六個期間內的報酬率將是三次為6%，兩次為－2%，一次為28%。其報酬的期望值就是這個機率的加權平均值，也就是：[6%＋6%＋6%＋（－2%）＋（－2%）＋28%]／6，即7%。

除了這種直接平均的算法之外，一般的算法是把可能的值乘以它們對應的機率，然後把這些乘積加總起來，算出期望值。因此，$0.06 \times 1/2 + (-0.02) \times 1/3 + 0.28 \times 1/6 = 0.07$，或7%，即上述股票報酬的期望值。請注意，我們常用希臘字母μ（讀作mu）代表期望值，期望值又稱「均值」（mean），因此7%既是報酬均值，也是期

望值 μ。

期望值的概念澄清了一個小小的投資謎團。比方說，或許有分析師認為某檔股票會上漲，卻又不衝突地相信，平均而言，它的股價會下跌。也許分析師估計，該股票在下個月有95％的機率會上漲1％，但同一時期有5％的機率會下跌60％。（例如，這些機率可能來自法院即將對公司做出的判決結果。）因此，其股價變化的期望值為 $[（0.01 \times 0.95）+（-0.60）\times 0.05]$，等於 -0.021，或是預期損失2.1％。從這個例子可以看出，根據機率算出的期望值（$-2.1％$），並不等同於你內心所期望的數值（即股價上漲1％）。

相同的機率和股價變化，也可以用來說明兩種互補的交易策略：一種策略通常會導致小額收益，但有時會導致大額損失。而另一種策略多半會導致小額損失，但有時會帶來大額收益。有的投資者願意冒險，定期賺取一些「容易賺來的錢」，他可能會售出上述股票的賣權，結算日為一個月後，履約價略低於現價。但實際上，他是在賭這檔股票在下個月不會下跌。95％的時間他是對的，這樣他會有賣權的權利金收入，並賺到一點錢。相對的，賣權的買方在95％的情況下會損失一點錢（買方要付賣權的權利

金）。然而，假設機率是準確的，股票下跌時，會下跌60％，因此賣權（以略低於原本股價的價格賣出股票的權利）在5％的情況下變得非常值錢。這時賣權的買方會賺很多錢，而賣方則損失慘重。

因此，投資者除了交易個股，也可以使用選擇權（例如：買賣標普500指數的賣權），以小資金參與大規模的交易。而操作選擇權的關鍵，是替可能的報酬算出合理的機率。不過，人們所算出的數字不會一模一樣，正如他們對買方和賣方策略的偏好也各不相同。比方說，以下兩位投資者就代表了兩種不同的交易思維。一位是維特·倪德厚夫（Victor Nieder hoffer），他是著名的期貨交易員，著有《投機客養成教育》（*The Education of a Speculator*），他幾年前因售出賣權而大賠。另一位交易員納西姆·塔雷伯（Nassim Taleb），著有《隨機騙局》（*Fooled by Randomness*），則是靠著購入賣權來謀生。

舉一個更通俗的例子來說明。試想有一家保險公司，從過去的經驗來看，有充分理由相信，平均每年每一萬張房屋保單中，就有一張會理賠40萬美元。每一千張保單，就有一張會理賠6萬美元。每五十張保單，就有一張會理賠四千美元。其餘的保單則不會申請任何理賠。那

麼，如果保險公司想知道每張保單的平均賠償金額是多少，該怎麼做？答案是，算期望值。而在這種情況的算式是：[（$400,000×1／10,000）]＋（$60,000×1／1,000）＋（$4,000×1／50）＋（$0×9,979／10,000）＝$40＋$60＋$80＋$0＝180美元。所以，保險公司向房屋所有權人收取的保費至少是181美元。

把機率論與期望值的定義相結合，可以計算出更有趣的變數。比方說，美國職棒大聯盟的總冠軍賽規則規定，贏得四場比賽的球隊便是當年的總冠軍。規則還進一步規定，第一、二場比賽在A隊的主場進行，第三、四場比賽則在B隊的主場進行。如果還沒分出勝負的話，第五場比賽在B隊的主場進行。若還是沒分出高下，第六、七場比賽在A隊的主場進行。如果兩隊勢均力敵，你可能會對每隊將在自己的主場進行多少場比賽感興趣。這裡跳過計算的步驟，我直接指出，A隊會在自己的主場進行2.9375場比賽，而B隊在其主場進行2.875場比賽。

幾乎在任何情況下，只要可以計算（或合理估計）一個變數的數值的機率，都可以讓我們算出該變數的期望值。另一個比棒球比賽場地更容易處理的例子是，決定要在停車場停車，還是在路邊違規停車。如果你停在停車

場，費用為10美元或14美元。但若你停不到一小時，費用就是10美元，而你估計停不到一小時的機率為25%。但是，你可能決定在路邊違規停車，並且有理由相信20%的情況下，你會收到一張30美元的停車罰單。有5%的情況下，你會收到一張100美元的妨礙交通罰單。而75%的情況下你沒被抓到，就可以免費停車。

在停車場停車的期望值為（$10×0.25）＋（$14×0.75），等於13美元。而路邊停車的期望值是（$100×0.05）＋（$30×0.20）＋（$0×0.75），等於11美元。對於那些到目前都還聽得懂的人來說，我們可以說 μ_L（停在停車場的期望值成本）和 μ_S（路邊違規停車的期望值成本）分別為13美元和11美元。

儘管在路邊違規停車平均來說比較便宜（假設錢是你唯一的考慮因素），但比起在停車場停車，你必須支付的路邊違規停車費用的變異性（variability）卻大得多。這就使我們必須來了解標準差和股票風險的概念了。

什麼是正常？並不是「六個標準差」

一般來說，風險令人恐懼，它產生的恐懼解釋了量化

風險的部分吸引力。畢竟，給可怕的事物取個名字往往能制伏它們。而風險是最可怕的事物之一，至少對成年人來說是如此。

那麼，如何從數學的角度理解風險的概念？讓我們從「變異數」（variance）開始說起，這是描述變異性的數學專有名詞。隨機變數的各個數值會有所不同，並且會偏離其期望值或平均值。有時高於平均值，有時低於平均值。例如，實際溫度有時比平均溫度高，有時比平均溫度低。這些離均差（deviation from the mean）的情況會構成風險，也就是我們想要量化的東西，而算出來的數字可能是正值或負值，就像實際溫度減去平均溫度可能是正的或負的一樣，因此差值相加後往往會相互抵消。然而，如果我們把離均差的值平方，這樣資料就都是正的，因此我們可以得出定義：「變異數」是隨機變數與平均值的差，取其平方的期望值。在我用數字說明這一點之前，請注意風險和「離均差」這兩個詞在詞源／心理學上的關聯。我猜想，這證明了我們不僅害怕風險，而且懼怕任何不尋常、奇特或異常的事情。

儘管如此，讓我們從溫度的例子再回到車子要停哪裡的問題。回想一下，停在停車場的期望值成本是13美

元，因此（$10-$13）^{2}和（$14-$13）^{2}，分別為9美元和1美元，這是兩個可能的成本的離均差平方。然而，它們的出現頻率並不相同。第一個以25％的機率出現，第二個以75％的機率出現，因此變異數，即這些數值的期望值，為（$9×0.25）+（$1×0.75），即3美元。在金融和其他領域的統計應用中，更常用的是變異數的平方根，通常用希臘字母 σ（sigma）來表示。在這個例子裡的「標準差」，也就是3美元的平方根，大約是1.73美元。標準差是（不完全是，但可以簡單想成是）各資料偏離平均數的平均差值。而標準差也是衡量風險時最常見的數學方法。

你可以忽略這些數字例子，沒關係的，但請記住，對於任何變數，標準差愈大，其可能的數值與平均值的差距就愈大。標準差愈小，其可能的數值就愈接近平均值。因此，如果你看到資料顯示，在日本，個人收入的標準差遠小於美國，你應該推斷出在日本，人民之間的收入差距比美國小很多。

回到路邊違規停車的問題。你可能想知道在這種情況，停車成本的變異數和標準差是多少？由於在路邊違規停車的期望值成本是11美元，三個可能成本的離均差的

平方是（$100－$11）^{2}、（$30－$11）^{2}和（$0－$11）^{2}，
分別為7,921美元、361美元和121美元。而第一個發生的
機率為5%，第二個發生的機率為20%，第三個發生的機
率為75%。因此，這些數字的期望值為（$7,921×0.05）
＋（$361×0.20）＋（$121×0.75），也就是559美元。
這就算出了變異數，而這個變異數的平方根就是標準差，
即23.64美元，超過停車場標準差的13倍（23.64÷1.73
≅13.66）。

　　儘管計算了這麼多的數字，我重申我們只是在量化一
個明顯的事實：比起在停車場停車，在街上違規停車的可
能結果更多，而且更不可預測。儘管路邊違規停車的期望
值成本（11美元）低於停車場（13美元），但謹慎起見
（甚至是基於道德考量），大多數人寧願承擔較小的風
險，把車停在停車場。

　　這使我們想到市場上使用標準差（sigma）來衡量股
票的波動性。讓我們用相同的方法，來計算股票報酬的變
異數，大約二分之一的情況報酬率為6%，三分之一的情
況報酬率為－2%，剩下的六分之一的情況報酬率為28%，
其報酬的均值或期望值為7%，因此與離均差的平方為
（0.06－0.07）^{2}、（－0.02－0.07）^{2}和（0.28－0.07）^{2}，也

就是0.0001，0.0081和0.0441。而這些情形發生的機率分別為1／2，1／3和1／6，因此這檔股票的變異數，即這些數字與離均差的平方的期望值為：（0.0001×1／2）＋（0.0081×1／3）＋（0.0441×1／6），即0.01。0.01的平方根是0.10，或者說10％，就是這檔股票報酬的標準差。

再回來上希臘文了。期望值是一組數值的（機率加權）平均值，用希臘字母 μ（mu）表示。而標準差是測量一組數值的離散程度，用希臘字母 σ（sigma）表示。如果要討論的變數是股票的報酬率，一般會用標準差來描述報酬率的波動程度。

但假如一個變數只有兩、三個可能的數值，那麼標準差的概念就不是那麼有用了。然而，若一個變數可能呈現出很多不同的數值，並且這些數值通常具有近似常態分布的鐘形曲線，也就是中間高，朝兩端逐漸下降，這時標準差就變得非常有用。在這種情況下，期望值就是分布圖的高點。此外，大約三分之二的數值（68％）落在期望值正負一個標準差的範圍內，95％的數值落在期望值正負兩個標準差的範圍內。

在我們繼續之前，讓我們列出一些具有常態分布的變

數。比如：特定年齡的身高和體重、城市在指定冬日的天然氣消耗量、個別城市凌晨兩點到三點之間的用水量、從工廠生產線送過來特定加工零件的厚度、人類的智商（無論他們是用什麼方式測量的）、某天一家大型醫院的住院人數、飛鏢與靶心的距離、葉子的大小、鼻子的大小、早餐麥片盒中的葡萄乾數量，以及股票的可能報酬率。如果我們要繪製這些變數的分布圖，我們會畫出鐘形的曲線，其數值會聚集在均值附近。

以一大盒麥片中的葡萄乾數量為例，如果葡萄乾的預期數量為142，標準差為8，則鐘形分布圖的最高點就是142。大約三分之二的盒子裡面會有134到150顆葡萄乾（142±8），95%的盒子裡面會有126到158顆葡萄乾[142±（8×2）]。

或者試想一檔表現保守的股票的報酬率，如果可能的報酬率是常態分布，期望值為5.4%，波動性（即標準差）僅為3.2%，那麼在大約三分之二的情況下，報酬率將在2.2%到8.6%之間（5.4%±3.2%），而且在95%的情況下，報酬率將介於－1%和11.8%之間[5.4%±（3.2%×2）]。比起另一檔風險更大、期望值相同，但波動性為20.2%的股票，你可能更喜歡前面那檔保守的股

票。在大約三分之二的情況下，那檔波動性更大的股票的報酬率會在－14.8％和25.6％之間（5.4％±20.2％），而且在95％的情況下，報酬率會在－35％和45.8％之間[5.4％±（20.2％×2）]。

總之，標準差與期望值的差距愈大，結果就愈不尋常。這有助於解釋為什麼許多熱門的管理和品質控管書籍的書名，都有「六個標準差」的字眼。許多這類書的封面都透露，遵循書中的規則，你獲得的結果可以在六個標準差之內，像是僅產出極少數的瑕疵品。但事實上，六個標準差的表現不太可能發生，甚至大多數統計學書中的表格都沒有列出這些數值。不過，如果你看一下管理學方面的英文書籍，你就會知道Sigma的S通常寫成大寫。然而，這個意思跟小寫s開頭的sigma不一樣，後者代表隨機變數的標準差。字首大寫的Sigma不是真的標準差，所以「六個標準差」是新的矛盾詞，問題出在大寫字母S上。

無論是產品不良、鼻子大小、葡萄乾，還是城市用水量，幾乎所有常態分布的變數，都可以視為是許多因素（遺傳、身體、社會或金融）的平均值或總和情況。但是這並非偶然。舉例來說，中央極限定理（Central Limit Theorem）便指出，大量的隨機變數，其平均值和總和始

終為常態分布。

　　然而，正如我們將在第八章看到的那樣，並不是每個人都相信，股票的投資報酬率屬於常態分布。

CHAPTER 07

分散投資，有更好嗎？

Diversifying Stock Portfolios

早在我的小孩愛上《超級瑪利歐兄弟》、《俄羅斯方塊》，和更新的幾款令人沉迷的遊戲之前，我小時候就和我的兩個兄弟一起玩古早、科技水準低的《大富翁》遊戲，我可以玩個不停。玩家在這種遊戲中要擲骰子，並在棋盤上移動，買進、賣出和交易房地產。儘管我注意到與各種移動相關的機率和期望值（但沒有注意到遊戲中的馬可夫鏈），我的策略很簡單：採取積極的方式，買下每一處的房地產，不管這麼做是否合理，然後用討價還價的方式，成為大富翁。[1]我向來會盡量賣掉鐵路和公用事業，並更偏好在自己擁有的土地上蓋飯店。

股市桌遊與金融市集

儘管《大富翁》中，可抵消徒刑、消災解禍的「免罪卡」，是這款遊戲與當今股市有點關聯的少數東西之一，但我最近有了小小的體悟。由於某種從很久以前遺留下來的想法，我把蓋飯店比作購買股票，把鐵路和公用事業比作購買債券。鐵路和公用事業在短期內似乎是安全的，但

---

1 美國的遊戲規則可以讓玩家自由交易土地，要靠彼此判斷局勢來討價還價。

把大部分資金投入蓋飯店這種貌似危險的做法，最終更有可能讓玩家成為贏家（特別是因為我們偶爾會更改規則，讓人可以在一塊地上無限制地蓋飯店）。

另一方面，我是不是因為玩了《大富翁》，才會以偏概全地操作股票、把太多錢投資在世通上？我對此深感懷疑，但這樣的假設自然會浮現在腦海中。不過，除了抽到「進牢」的卡片之外，世通這款桌遊與《大富翁》的共同點不多（說不定還更像電玩遊戲《俠盜獵車手》〔Grand Theft Auto〕）。[2] 在世通這款桌遊中，玩家路線上的不同方格，會出現SEC進行調查、紐約州檢察總長史必哲起訴公司、透過IPO牟利，或是得到分析師有利的評等。假如你成為了執行長，你最多可以借到4億美元（在遊戲的後期版本，可以借到10億美元）。但如果你被降為員工，你每次移動都必須繳一筆咖啡錢，而且得把部分的儲蓄投資於公司股票。倘若你不幸成為股東，你有可能在玩的過程中，賠掉身家。但如果你成為財務長，你就會得到認股權，並有機會獲得股東的錢財。而遊戲的目標，是在公司

2　此為一款開放世界遊戲，玩家能控制主角在美國的一個架空城市中自由活動，並且可以炒股、炒房，也可以加入幫派，與路人互動，在城市中隨意開車行動。

破產之前，盡可能多撈錢，並極盡所能地搜刮其他玩家的錢財。

這個遊戲用假錢來玩可能很有趣，但用真錢就不一樣了。

以下是一個對金融市場更貼切的比喻。人們在迷宮般的巨大市集裡漫無目的地亂轉，有時市集裡的一些攤位會吸引一大群人爭相購買他們的商品。相反的，有些攤位則一位潛在的客戶都沒有。但基本上，大多數攤位都有一些顧客。在市集小巷的交叉路口，有較大攤位的銷售人員，也有遊歷甚廣的預言家。他們對市集瞭如指掌，自稱能預知各個攤位和同類攤位的經營運勢。其中一些銷售人員和預言家有非常大台的擴音器，整個市集都能聽到他們的聲音，而其他人則要勉強地靠大喊大叫來讓人聽到。

在這個相當原始的環境中，已經可以看出股票市場的許多特性。技術派的祖先可能是那些在人潮增加的攤位上買東西的人，而基本面交易者的祖先或許是那些會冷靜比較展示商品的價值的人。預言家是分析師的祖先，銷售人員是券商的祖先。擴音器是商業媒體的基本形式，當然到了現代，售出的商品是公司的股票。騙子和詐騙犯也有他們的祖先，有些攤位把他們劣質的商品藏在更好的商品下

面。

　　但如果買賣商品不只是攤位業主的專利，而是人人都可以進行買賣，那會是更好的股票市場模式。（我不是要描述古代的情況，只是在理想化地描述市場的情形。）儘管如此，我認為股票交易很明顯是自然而然的經濟現象。不難想像早期類似選擇權交易、公司債券或分散持股的概念，是從這樣的市集中發展出來的。

　　市集中或許還會有一些算術士，在那裡分析攤位的銷售情況，制定購買商品的策略。但如果他們按照自己的理論行事，恐怕連長袍和量角器都會賠掉呢。

股票的風險低於債券？

　　也許是因為《大富翁》這款遊戲，當然也是因為世通，以及五花八門的原因，本書的重點是股票市場，而不是債券市場（或房地產、現貨和其他值得一書的投資）。當然，買股票是擁有公司的所有權，而買債券是借錢給發行債券的公司或政府，而且「大家都知道」債券通常比股票更安全、波動性更小，儘管後者的投資報酬率更高。事實上，正如席格爾在《長線獲利之道》中所說，1802年

至1997年間，股票的平均投資報酬為8.4％。同期，美國短期國庫券的投資報酬率為4％到5％。（以上數據是還沒有考量通貨膨脹的情況。我想不用說大家也知道，在一年通膨率為15％的時候，獲得8％的投資報酬率，遠遜於在一年通膨率為3％的時候，獲得4％的投資報酬率。）

儘管「大家都知道」債券通常比股票安全，但席格爾在他的書中指出，與《大富翁》的飯店和鐵路一樣，股票實際上比債券風險更低。因為從長遠來看，股票的表現比債券或國庫券好得多。事實上，時間愈長，這種情況的可能性就愈高。（另一方面，像是「大家都知道」或「他們都在做這件事」或「大家都在買那個」之類的評論，常會讓我內心躍躍欲試。我的數理邏輯背景使我很難把「都」這個字解釋為，「不是全部的人」的意思。）然而，「大家」確實有點道理。席格爾在他的書中說，1802年至1997年間，股票的年投資報酬率的標準差為17.5％，我們怎麼知道他說的是對的呢？

如果假設投資報酬率是常態分布（在接下來幾個段落要進行數字計算，還請多包容了），我們就會明白這種波動性是多麼令人提心吊膽。這意味著大約三分之二的情況，投資報酬率將介於−9.1％和25.9％之間（即8.4％加

上、或減去標準差17.5%）。大約95%的情況，投資報酬率介於－26.6%和43.4%（即8.4%加上、或減去標準差17.5%的兩倍）。儘管這些數字的準確性很荒謬，不過最後一個情況的結果是，報酬率在大約2.5%的時候，會比－26.6%差（2.5%的時候，報酬率則會高於43.4%）。因此，大約每四十年（2.5%就是1／40），你的股票投資價值將損失超過四分之一，而且在更多的時候，股票的表現比國庫券差得多。

上述數字顯然看不出從長期來講，股票的風險低於債券。然而，席格爾論點的統計依據是，隨著時間拉長，投資報酬會變得平均，偏差也會減少。具體來說，N年投資報酬的年化標準差，是N年的標準差除以N的平方根。而N愈大，年化標準差就愈小。（不過，累積標準差也會更大一些。）因此，在四年期間，股市報酬的年化標準差為17.5%／2，即8.75%。同樣的，由於30的平方根約為5.5，因此三十年期間的股市報酬的年化標準差僅為17.5%／5.5，即3.2%。（請注意，這個三十年的年化標準差，與第六章末範例中提到的保守股票的標準差相同。）

儘管有令人印象深刻的歷史證據，但不能保證股票的

表現，將繼續優於債券。如果你看1982年到1997年的數據，股票的平均年報酬率為16.7%，標準差為13.1%，而債券的報酬率在8%到9%之間。但從1966年到1981年，股票的平均年報酬率為6.6%，標準差為19.5%，而債券的報酬率約為7%。

那麼，儘管有像WCOM和安隆這樣帶來災難、一屁股爛帳和毫無指望的股票，但在長期投資中，風險較小的真的是股票嗎？不令人訝異的是，也有人持反對的看法。不過，儘管股票有波動性，但從長遠來看，股票整體的風險低於債券，因為股票的平均投資報酬率要高得多。而股票的投資報酬率更高，是因為股票的價格相對較低。此外，股票的價格之所以較低，是因為股票被認為是有風險的，人們需要一些誘因才會進行高風險的投資。

如果大家都覺得零風險……

但是，如果投資者相信席格爾等人的說法，不再認為股票有風險，會發生什麼事？答案是，到時候，股票的價格會上漲，因為規避風險的投資者不需要那麼多誘因來購買股票。而「股票風險溢酬」（equity-risk premium），即

持有股票這種風險資產，所能得到的報酬必須超過債券，才能吸引投資者，這個風險帶來的收入會下降。而投資報酬率會下降，是因為股價墊高了。因此，由於此時投資報酬率較低，股票的風險也會更大。

一旦人們認為股票風險較小，股票就開始變得有風險。相反的，人們認為股票風險較大，股票的風險就開始降低。這個例子又證明了股市的動態是不穩定的、會自我反省和自我修正。有趣的是，席格爾的朋友席勒看了這些資料後，認為未來十年的股票投資報酬率會大大降低。

不過，市場從業人員和學者都不同意這種說法。2002年10月上旬，我去聽了一場辯論會，辯論的雙方是CNBC電視台評論員、華爾街的老面孔賴瑞‧庫德洛（Larry Kudlow）和技術分析師、艾略特波浪理論支持者羅伯特‧普萊切特（Robert Prechter）。到紐約市立大學（CUNY）研究中心的與會聽眾看起來是生活富裕、受過良好教育的人，而兩位演講者顯然都對自己和他們的預測非常有把握。兩人看來都沒有受到對方截然不同的看法所影響，普萊切特預期市場會出現非常大的跌幅，而庫德洛則看漲。但與席格爾和席勒不同的是，他們沒有就任何具體實例進行討論，主要在各說各話。我覺得奇怪的是，這

種思想交鋒是人們在討論股市時的典型情況。擁有亮眼資歷的人經常對股票和債券進行闡述，並得出與其他同樣資歷優秀的人相反的結論。

2002年11月《紐約時報》上的一篇文章是另一個典型的例子，文中描述了經濟分析師史蒂芬·伊斯特（Steven H. East）、查理斯·普拉迪拉（Charles Pradilla）和艾比·約瑟夫·柯恩（Abby Joseph Cohen）分別對市場提出三種看似合理的預測——看壞、表現普通和看好。在物理學或數學領域，很少會有這種明顯的分歧。（我沒有納入有時會受到大眾注意的瘋狂學者，畢竟有識之士是不會認真理會他們的。）

市場的未來走向恐怕會超出我在第九章中所稱的「複雜程度」。儘管如此，除了一些房地產之外，我仍然持有大量的股票投資，這可能會讓我繼續保住我的資產，也可能讓我虧得很慘。

布朗太太、聖彼得堡悖論與效用

就像英國作家吳爾芙（Virginia Woolf）的著名文章〈卜涅特先生與布朗太太〉（Mr. Bennett and Mrs. Brown）

中那個平凡的女人一樣，現實也有無限種複雜情形，沒有任何模型能把她如實呈現出來。[3] 在大多數時候，期望值和標準差似乎反映了一般情況，但不難發現，在一些重要的情況下並非如此。

所謂的聖彼得堡悖論（St. Petersburg paradox），就說明了期望值與實際情況的矛盾。這個悖論來自一場遊戲，要求你反覆拋擲硬幣，直到第一次出現了數字朝上。如果第一次拋擲數字就朝上，你贏得2美元。拋擲第二次數字才朝上，你贏得4美元。若拋擲第三次數字才朝上，你贏得8美元。總結來說，在第N次拋擲時數字首度朝上，你贏得2^N美元。那你願意付多少錢來玩這個遊戲？有人可能會認為，無論付多少錢，你都應該想來玩這個遊戲。

要知道為什麼會這樣，請回想一下，一連串獨立事件的機率。例如：拋擲硬幣，是透過將每個事件的機率相乘而得的。因此，第一次拋擲時，數字（tail）朝上的機率是1／2，這種情況用T來表示。第一次拋擲是人頭（head）朝上，然後第二次拋擲時數字朝上，這種情況用

3　布朗太太象徵日常性的無限可能。吳爾芙寫道：「她是個有無限可能性和無窮多樣性的老太太。她可以在任何地方出現，穿任何衣服，說任何話，並且做天曉得什麼情情⋯⋯她就是生活本身。」

HT來表示，機率是（1∕2）^{2}，即1∕4。在第三次拋擲時，數字才朝上，這種情況用HHT來表示，機率是（1∕2）^{3}，即1∕8，以此類推。把這些機率和可能贏的錢代入期望值算式中，我們能得出這個遊戲的期望值是：（\$2×1∕2）＋（\$4×1∕4）＋（\$8×1∕8）＋（\$16×1∕16）＋……＋[\$2^N×（1∕2）^{N}]，所有乘積都是1，而且個數無限，所以總和會是無限的。如果你問自己，為什麼不願意玩這個遊戲，哪怕是要付區區的1,000美元，這時就很清楚可以看出，期望值是無法說服我們的直覺的。

對於這個悖論最常見的解答，是由18世紀的數學家丹尼爾‧白努利（Daniel Bernoulli）所提出。他寫道，人們對財富增加的滿足（或對財富減少的遺憾）是「與先前擁有的財富成反比」。你擁有的錢愈少，你每賺到一塊錢就愈開心，但也會愈害怕損失一塊錢。因此，對於幾乎每個人來說，損失1,000美元的可能性，會遠遠抵消掉你贏得10億美元的渺茫可能性。

重要的是你收到的錢對你的「效用」（也就是主觀感受），而這種效用會隨著你收到的錢愈多而下降。（請注意，這能說得通累進稅制的基本原理。）因此，人們考慮的不是投資（或遊戲）所投入的金額，而是投入的金額對

個人的效用。所以說，如果我們考慮「對數效用函數」（logarithmic utility function），那麼聖彼得堡悖論就不成立了。因為該函數試圖證明，對擁有更多錢的滿足感會逐漸降低，並導致上述遊戲的期望值是有限的，就不會是無限大了。而這個遊戲的其他版本會把獎勵金額增加得更快，這時就需要增長更慢的效用函數，讓期望值仍然是有限的。

但人們對於效用的分配確實因人而異。有些人貪得無厭，所以第7億4,178萬3,219美元對他們來說，幾乎和第一塊美元一樣重要。有些人則很淡泊，所以第2萬5,000美元對他們來說幾乎就沒有價值了。可能後面這種人相對較少，不過我父親晚年時很接近這種心境。他的態度顯示，效用函數不僅因人而異，而且會隨年齡增長而異。另一方面，效用也不好用簡單的函數來描述。比方說，一個人接近某個年齡，或達到某個財務里程碑，像是擁有X百萬美元時，金錢的效用可能會發生變化。所以，我們又回到了吳爾芙的那篇文章了。

不管怎樣都能賺的投資組合？

　　經濟學家凱因斯曾寫道：「那些自以為不受知識分子影響的『實幹派』，大多不過是已故經濟學家的奴隸。有權勢的狂人聽到風吹草動，就會把幾年前從某個三流學者那裡聽來的東西，汲取出自己的狂想。」由此得出的推論是，基金經理和股票大師華而不實地傳播他們的投資理念和建議，但通常點子都是源自上一代那些獲得諾貝爾獎的金融教授。

　　為了理解那些諾貝爾獎得主寫了些什麼，假設你是一名基金經理，打算衡量投資組合的期望報酬和波動性（風險）。而在股票市場中，投資組合只是不同股票的集合，像是共同基金，或者傑克叔叔雜亂無章的神祕選股，或者一筆噩夢般的遺產，裡面有許多不同股票，全都是電信產業的股票。像後者這樣缺乏多樣化的投資組合，通常會讓人賠錢。那麼，你如何更明智地選擇股票，使投資組合的報酬最大化，並把風險降至最低呢？

　　首先，設想一個簡單的投資組合，其中只包含三檔股票，分別是A公司、B公司和C公司。再假設10萬美元的投資組合中，有40%（或4萬美元）投資在A公司上，

25％（2萬5,000美元）投資在B公司上，其餘35％（3萬5,000美元）投資在C公司上。接下來，假設A公司的期望報酬率為8％，B公司的期望報酬率為13％，C公司的期望報酬率為7％。我們運用這些權重，計算出整個投資組合的期望報酬率為（0.40×0.08）＋（0.25×0.13）＋（0.35×0.07），即0.089，或者8.9％。

既然B公司的期望報酬率是三檔股票中最高的，為什麼不把所有的錢都投資在B公司上？答案是，要考慮波動性和沒有分散投資的風險，因為這樣等於是眾所周知地把所有雞蛋都放在同一個籃子裡。（結果，就像我的不幸世通投資事件一樣，很可能變得狼狽不堪，讓長期存下來的一籃雞蛋，就算沒變成鵝蛋，也成了炒蛋。抱歉，即使到了現在，一想起這檔股票，也會讓我抓狂。）然而，如果你不在意風險，一味想最大化你的報酬，你可能會把所有的錢都投資在B公司上。

那麼，如何判定投資組合的波動性、即標準差呢？我們是否只須對公司股票的波動性進行加權，就像我們對其報酬率進行加權一樣，就能獲得投資組合的波動性？一般來說，我們不能這樣做，因為股票的表現有時不是各自獨立的。如果一檔股票因某些消息而上漲，其他股票上漲或

下跌的機會可能會受到影響，這反過來會影響它們的共同波動性。

讓我用更簡單的投資組合來說明，其中只有兩檔股票，哈特菲爾德公司（Hatfield）和麥考伊公司（Mc-Coy）。[4]兩家公司都生產那個……叫什麼來著的東西，但歷史告訴我們，一家表現好時，另一家就表現差，反之亦然。而且，兩家公司的勢力似乎固定地互有消長。說不定哈特菲爾德生產的是雪鏟，而麥考伊生產的是助曬乳液。具體來說，假設一半的時間哈特菲爾德的報酬率是40%，一半的時間是－20%，所以它的期望報酬率是（0.5×0.4）＋[0.5×（－0.2）]，也就是0.10，或10%。麥考伊的投資報酬率也是一樣的，但是哈特菲爾德表現差時，它就表現出色，反之亦然。

這兩家公司的波動性也是一樣的。回顧定義，我們首先求出與平均值10%之差的平方，就是（0.4－0.1）^{2}和（－0.2－0.1）^{2}，也就是0.09和0.09。由於它們發生的機率各是一半，變異數為（0.5×0.09）＋（0.5×0.09），

4　哈特菲爾德和麥考伊，是19世紀居住在西維吉尼亞州和肯塔基州邊界的兩個家族。他們長年有衝突械鬥，作者故意用這兩個名字，來虛構兩家表現會相反的公司。

即0.09，而其平方根為0.3或30%，即得出每家公司報酬率的標準差或波動性。

但是，如果我們不是只投資其中一檔，而是把投資資金拆開，兩檔股票各投資一半呢？那麼總會有一半的投資賺40%，另一半的投資賠20%，而期望報酬率仍然是10%。但請注意，這10%的報酬率是固定的。這個投資組合的波動性為零！原因是，這兩檔股票的投資報酬率不是獨立的，而是完全負相關。我們獲得的平均投資報酬率，與只買入哈特菲爾德或麥考伊股票一樣，但沒有風險。這真是一件好事，我們可以變得更有錢，而且不必管兩家公司的競爭究竟鹿死誰手。

當然，很難找到完全負相關的股票，但投資者也不需要這樣做，只要它們不是完全正相關，投資組合中的股票的波動性多少就會降低些。即使投資組合中，有來自同一個產業的股票，這樣配置的波動性也會低於該產業中的單一個股。而由沃爾瑪、輝瑞、通用電氣、埃克森美孚石油公司和花旗集團組成的股票投資組合，這些公司各自是產業中的龍頭，將對波動性提供相當大的保護。概括地來說，為了算出投資組合的波動性，我們需要投資組合中任意兩檔股票X和Y之間的「共變異數」（covariance）（這

與「相關係數」〔correlation coefficient〕密切相關）。兩檔股票之間的共變異數大致是它們的聯合變化程度，也就是一檔股票變化與另一檔股票變化的相關程度。

請注意，許多情況會強調共變異數（或者用大家更熟悉的相關性）和因果關係之間的區別，但市場卻往往對此不太在意。如果冰淇淋股價的上漲與割草機股價的上漲相關，很少有人會問這種關聯是否是巧合，因為投資者的目的是利用這種關聯，來看對市場的走向，而不一定需要弄懂造成這種情況的正確原因。

有鑑於上述區別，可能有些讀者會想跳過接下來關於計算共變異數的三個段落。如果是這樣的話，請直接跳到後面開頭是「舉例來說，假設我們在特定社區中……」的那一段，然後繼續看下去。

嚴格來說，共變異數是一檔股票的離均差與另一檔股票的離均差，兩者相乘的期望值。也就是說，共變異數是 $[(X-\mu x) \times (Y-\mu y)]$ 的期望值，其中 μx 和 μy 分別是 X 和 Y 的期望值。因此，如果這兩檔股票一起變化，一檔股票的價格上漲時，另一檔股票的價格也可能上漲，因此這兩檔股票的離均差都是正的，所以它們的乘積也會是正的。而一檔股票的價格下跌時，另一檔股票的價格也

可能下跌,所以兩個離均差都是負的,而它們的乘積又會
是正的。但是,如果這兩檔股票呈反向變動,一檔股票的
價格上漲(或下跌)時,另一檔股票的價格可能下跌(或
上漲),因此一檔股票的離均差為正,另一檔股票的離均
差為負,兩者的乘積就為負的。總之,我們希望找到負的
共變異數。

我們現在可以使用這個共變異數的概念,來找到由兩
檔股票構成的投資組合的**變異數**,其中p%投資在股票X
上,q%投資在股票Y上,這個數學計算只須對兩個
「項」(term)的和進行平方。但請記住,$(A+B)^2 =$
A^2+B^2+2AB。而根據定義,(pX+qY)投資組合的變
異數,是(pX+qY)與均值pμx+qμy離差平方的期
望值。換句話說,(pX+qY)的變異數是[(pX+
qY)-(pμx+qμy)]^{2}的期望值,算式可改寫成
[(pX-pμx)+(qY-qμy)]^{2}的期望值,代入上述的
代數規則,可以寫成(pX-pμx)^2+(qY-qμy)^2+2
×[(pX-pμx)×(qY-qμy)]的期望值。

請注意,分解式子中的p和q之後,我們可以發現
(pX+qY)這個投資組合的變異數,等於[(p^2×X的變
異數)+(q^2×Y的變異數)+(2pq×X和Y的共變異

數）]。如果兩檔股票出現負向變動（即共變異數為負），則投資組合的變異數會因上述式子的第三項而減少。（在哈特菲爾德和麥考伊股票的例子中，它們的變異數就為零。）若兩檔股票呈現正向變動（即共變異數為正），投資組合的變異數會因上述式子的第三項而增加。這正是我們想要避免的情況，因為這樣波動性和風險會增加，使我們無法安心和食不下咽。

舉例來說，假設我們在特定社區中，隨機選擇一名屋主，其房屋成本為H，而I是屋主的家庭收入，那麼（H＋I）的變異數，會遠遠高於H的變異數和I的變異數的相加之和。這是因為昂貴房子住戶的收入，通常高於沒有住在昂貴房子裡的人，而且房子成本和個人收入的共變異數為正。

同樣的，如果在人數眾多的一門課程中，隨機選擇一名學生，假設一年中他翹課的堂數是C，而S是他在期末考試中的分數，那麼（C＋S）的變異數，會遠小於C的變異數和S的變異數的相加之和。這是因為常翹課的學生通常獲得較低的分數（當然不見得如此），而且翹課的堂數和分數的共變異數為負。

如前所述，在選擇多元化投資組合的股票時，投資者

通常會尋找負的共變異數。他們想擁有像哈特菲爾德和麥考伊公司這樣的股票，而不是像WCOM和其他電信業股票。如果投資組合中有三檔以上的股票，可以使用投資組合中股票的權重和剛剛討論的定義，來計算投資組合的變異數和標準差。（代數計算過程雖然很繁瑣，但其實是簡單的。）抱歉的是，計算時需要投資組合中、所有股票之間的共變異數。但是好的軟體、大量的股票資料和運算快速的電腦，讓投資者能夠相當迅速地確定投資組合的風險（也就是波動性，或者說標準差）。如果謹慎的話，你可以在不損失期望報酬率的情況下，將投資組合的風險降至最低。

分散投資和政治不正確的基金

共同基金多不勝數，許多評論員都指出，基金的數量比股票的檔數還多，彷彿這很意外似的。其實，這並不令人驚訝。從數學角度來說，基金只是一組股票，因此，至少從理論上來講，基金的數量會遠多於股票的檔數。含有n檔股票（或人、書、CD）的任一集合都有 2^N 個子集。因此，如果世界上只有20檔股票，那麼將有 2^{20} 個、或大

約100萬種這些股票的可能子集，也就是100萬個可能的共同基金。當然，大多數子集都沒有吸引人的地方，所以沒有存在的理由。因此，共同基金還需要其他的條件才會吸引人，那就是要能確保低波動性和分散投資等，讓不同項目之間的虧損和獲利互相平衡。

我們可以延伸分散投資的概念，來進一步增加更多可能的基金。因此，與其尋找負相關的個股或產業，我們可以尋找自己在意的負相關問題。比如說，金融和社會方面的問題。許多投資組合聲稱有助於社會的進步，並且是政治正確的，但總體而言，它們的表現並不出色。對許多人來說，較不吸引他們的基金，是那些替社會開倒車和政治不正確的基金，但它們的績效表現確實很好。許多人會把菸草、酒精、國防工業、快餐或其他幾種產業歸類在其中。

對於那些熱衷於各種理念的人來說，有這些政治不正確的基金存在，意味著有一種不符合規範的投資策略，可以利用金融和社會利益之間有時存在的負相關關係。那就是：對於那些持有你討厭的公司股票的基金，你可以大筆投資在這類基金上。假如這些資金表現得很好，你就可以賺錢，而且如果你想的話，可以把賺來的錢捐去贊助你所

支持的政治理念。當然，假如這些基金的表現不再吸引人，你可以為這些公司不再蓬勃發展而感到高興，你的心理回報也會大幅提高。這種「分散投資」有很多種運用方式。例如，人們經常不贊同自家公司的目標或產品，並使用部分薪水來對抗公司的目標或產品。從極端情況來看，分散投資是我們在日常生活中，不可避免要做出取捨時，自然會做的事情。

當然，把分散投資的概念延伸到其他領域是很困難的，原因有幾個。其中之一是，很難量化付出和報酬。畢竟，你要怎樣為你的努力及其成果賦予數值？而且可能的「基金」數量，即你所有在意的問題子集，也是以指數的速度增長。

另一個問題則來自分散投資的邏輯。在生活中這麼想，通常是說得通的。比方說，工作、娛樂、家庭、個人經歷、學習、朋友、金錢等組合，似乎比全是辛勞或純粹的享樂主義，更有可能帶來滿足感。然而，你試圖發揮個人的影響時，可能就不適合分散投資，像是慈善事業就不適合。

正如經濟學家史蒂文・藍思博（Steven Landsburg）所言，你在投資時，分散投資是為了保護自己，但你向大

型慈善機構捐款時，你的捐款只占總額的一小部分，因此你的目標應該是盡可能提供幫助。既然你沒有個人風險，如果你真的認為美國母親反酒駕組織（Mothers Against Drunk Driving），比美國癌症協會（American Cancer Society）或美國心臟協會（American Heart Association）更值得稱許，你為什麼要把你的慈善捐款拆開來捐？重點不是要確保你的錢會做一些善事，而是要把能做的善事最大化。還有其他情況是集中火力，會比溫和的分散投資要好得多。

延伸分散投資的概念可能是有用的，但沒有鑑別地使用這個概念，套用詩人奧登（W. H. Auden）的話來說，這會使你「對社會科學熱衷」。[5]

找出完美的配置

回到量化問題上面，我們選擇投資組合中的股票，是希望有些股票下跌時，其他股票會上漲（或至少不要跌得

---

5 出處為奧登的詩作《Under Which Lyre》，"Thou shalt not sit with statisticians nor commit a social science."，中譯為「汝不應與統計學家為伍，亦不應對社會科學熱衷」。以本書作者的觀點來看，社會科學有太多的研究，都是在收集意義不精確的數據。

太深），以取得合理的投資報酬率，並盡可能減少風險。更確切地說，我們看任何股票投資組合時，都會仔細研究它們的過去表現，並估計出期望報酬率、波動性和共變異數，然後使用這些數字，來判定整個投資組合的期望報酬率和波動性。如果我們有時間、價格資料和運算快速的電腦，我們可以判定各種不同投資組合的績效。比方說，諾貝爾經濟學獎得主哈利‧馬科維茨（Harry Markowitz）是這種方法的創始人之一。他在1950年代初期，開發出進行這些計算的數學技術，並把他的幾個投資組合成果畫成圖表（當時電腦的速度還不夠快，不太能做什麼事情），而且定義了他所謂的投資組合的「效率前緣」（efficient frontier）。

如果我們要使用這些技術，並為當代琳瑯滿目的投資組合建立可以相提並論的圖表，我們會發現什麼？其中，X軸是這些投資組合的波動性（程度），Y軸是它們的期望報酬率，我們會看到圖表上有一大堆的點點。每個點都代表一個投資組合，其坐標分別是其波動性和期望報酬率。我們還會注意到，橫軸上每個風險水準（即波動性，也就是標準差）會對應到一個最高期望報酬率的投資組合。如果我們從每個風險水準挑選出期望報酬率最高的投

資組合，把那些點連起來，則會畫出一條曲線，即馬科維茨所謂最優投資組合所構成的效率前緣。

在效率前緣曲線上，風險愈大的投資組合，預期的報酬率就愈高。在某種程度上，這是因為大多數投資者都厭惡風險，使得風險大的股票變得更便宜。因此，投資者決定他們可以接受的風險程度，然後據此選出報酬率最高的投資組合，這是第一種投資組合理論。

但是，不要被這個數學算式給蒙蔽，讓你沒有能力看清普遍的心理現象。例如，汽車工程師已經注意到，汽車設計中的安全性能進步（如防鎖死煞車系統）通常會導致人們車開得更快，轉彎更為急促。結果提高的反倒是汽車的駕駛技術，而不是汽車的安全性能。顯然，人們會選擇他們可以接受的風險程度，然後從中尋求可能的最高報酬（性能）。

而這種風險與報酬之間的平衡，啟發了威廉·夏普（William Sharpe）。他在1960年代，提出了現在衡量投資組合績效的常用指標，即夏普值。其定義為：投資組合每多承擔一分風險，可以拿到的超額報酬（其期望報酬率與無風險國庫券報酬率之差值），再除以投資組合波動性（即標準差）。一個投資組合可能有很高的報酬率，但如

果投資者為獲得這種報酬而必須承受上沖下洗的波動，那麼這個投資組合的夏普值就不會很高。相比之下，報酬率適中、但波動性不那麼令人焦慮的投資組合，則具有較高的夏普值。

投資組合選擇理論有很多複雜的情況。正如夏普值所顯示的，一個重要的情況是，市場上還有無風險的投資標的，例如美國國庫券。這些投資支付固定的報酬率，而且基本上沒有波動性。投資者隨時可以投資於此類無風險的資產，也可以用無風險的利率借款。此外，他們可以把無風險的國庫券投資與有風險的股票投資組合結合起來。

第二種投資組合理論就主張，效率前緣上存在一個、也是唯一的最優股票投資組合。因此，無論任何風險程度，這個最優股票投資組合，加上無風險投資（忽略通貨膨脹），都能取得最高的報酬率。如果你不希望承擔任何風險，就把所有錢投入國庫券。相反的，假如你可以接受風險，則把所有錢投入到這個最佳股票投資組合中。或者，如果你想把你的錢分成兩部分，可以把p%投入到無風險的國庫券中，（100−p）%投入最佳股票投資組合中，這時預期的報酬率為：[p×無風險投資報酬率＋（1−p）×（股票投資組合報酬率）]。投資者還可以透

過無風險的利率借款，把借來的錢投入有風險的投資組合，以槓桿的方式進行投資。

投資組合選擇理論經過這種調整後，所有投資者能選擇相同的最優股票投資組合，然後透過增加、或減少持有的無風險國庫券的百分比p，來調整他們願意承擔的風險。

然而，說起來容易做起來難。這兩種投資組合方式需要大量的數學計算，投資者需要很強的運算能力，必須經常對新的數據進行很多次的計算。畢竟，期望報酬率、變異數和共變異數是根據最近的數值推導出來的。假設投資組合中有二十檔股票，我們需要計算每兩檔股票之間的共變異數，而這樣的共變異數有（20×19）／2，即190個。如果有五十檔股票，我們需要計算（50×49）／2，即1,225個共變異數。因此，面對持有多檔股票的投資組合，若沒有強大的計算能力，是不可能一個一個這樣算出共變異數的。

為了避免不斷更新和繁複計算這些共變異數、效率前緣和最佳風險投資組合，夏普這位諾貝爾經濟學獎得主（與其他人）開發了所謂的「單指數模型」（single index model）。第三種理論並不是計算投資組合中，所有股票

之間連動的報酬率，而是與代表整個市場的指數變化連動。因此，如果你的投資組合或股票，在統計上被判定比整體的市場波動還大，那麼市場的變化，將導致股票或投資組合出現更大的變化。相反的，假如你的投資組合或股票的波動性小於整體的市場波動，那麼市場的變動給你的股票或投資組合帶來的變化就會減弱。

β 值有多可靠？

這裡就要來介紹「資本資產定價模型」（Capital Asset Pricing Model）。該模型認為，一個股票或投資組合的期望超額報酬率（即投資組合的期望報酬率Rp，以及無風險國庫券的報酬率Rf之間的差值），等於用出名的貝他值（β），乘以一般市場的期望超額報酬率（市場期望報酬率Rm，以及無風險國庫券的報酬率Rf之間的差值），用代數來表示就是：$(Rp-Rf) = β(Rm-Rf)$。因此，如果你可以確定從國庫券獲得4%的利潤，而規模廣泛的大盤指數基金的期望報酬率為10%，且你的投資組合的相對波動性、即 β 值是1.5，那麼該投資組合的期望報酬率，可以透過解出下面式子而得到：$(Rp-4\%) = 1.5$

（10％－4％），所以Rp為13％。而 β 值為1.5，意味著整個市場每獲利（或損失）1％，平均你的股票或投資組合會獲利（或損失）1.5％。

像世通這種高科技公司股票的 β 值通常遠大於1。這意味著市場的變化，無論是上漲還是下跌，到了世通股票上，波動都會變更大。這些股票的波動性更大，因此風險更大。相比之下，公用事業公司股票的 β 值通常小於1，這意味它們跟市場的變化較不相關。如果一家公司的 β 值為0.5，那麼它的期望報酬率可以透過解出下面式子而得到：（Rp－4％）＝0.5（10％－4％），即投資組合的期望報酬率Rp為7％。請注意，對於短期國庫券來說，因為其報酬率固定不變，β 值為零。再說一次：β 值量化了股票或投資組合相對於市場波動的程度，它和波動性是不一樣的概念。

這一切聽起來簡單俐落，但是在所有投資組合的選擇模型中，你得注意你的步驟。特別是關於第三種投資組合理論，我們說不定會納悶 β 值是從哪裡來的。怎樣算出你的股票或投資組合的波動性，會比整個市場高40％、或低25％？以下是尋找 β 值的大致方法。你檢查過去三個月大盤的變化，例如3％，並檢查你的股票或投資組合

在同一時期的股價變化，比方說是4.1％。在那之前的三個月，你也進行同樣的步驟，比如說這次的數字分別是2％和2.5％，而在六個月之前，假設數字分別是－1.2％和－3％，以此類推。你繼續在多個相同的時間區間紀錄這些數字，然後把這些點（3％，4.1％）、（2％，2.5％）、（－1.2％，－3％），和其他的數據畫在座標上。大多時候，如果你用力地瞇著眼睛，你會看到市場變化與股票或投資組合變動之間，存在某種線性關係，然後你可以使用標準的數學方法，來確定一條最靠近這些點的直線，這條線的斜度或斜率的係數就是 β 值。

但 β 值的問題是，公司會隨著時間發生變化，有時變化發生得很快。例如，AT&T 或 IBM 已經與它們二十年前，甚至兩年前的情況不同了。我們怎麼能期望一家公司的相對波動性，也就是 β 值保持不變？從相反的角度來思考，也有相關的問題。畢竟，β 值在短期內的價值通常非常有限，並且會隨著選定的比較指數和定義中使用的時間區間而變化。還有一個問題是，β 值取決於市場投資報酬率，而市場投資報酬率取決於對市場的狹義定義，即只有股票市場在內，而不是包括股票、債券、房地產等等金融市場。然而，儘管有這些限制，只要不過分執著於

β值，β值還是很好用的概念。

　　你可以把β值比作不同人的情緒反應和表現能力。有些人對很小很小的好消息就狂喜不已，對芝麻綠豆般的困難就發出絕望的哀號。在情緒光譜的另一端，有些人在不小心碰到高溫的熨斗時，只說個「哎喲」，而他們中了彩券時只說：「哦，還不錯」。前者的情緒β值較高，後者的情緒β值較低。一個情緒β值為零的人等於失去了知覺，可能是因為服用了太多的β受體阻斷劑（beta-blocker）吧。然而可惜的是，這對於預測人們行為的可能性來說，沒什麼用處，因為人們的情緒β值，會根據他們所面臨的刺激類型而出現變化。我就不舉例了，但在用β值衡量投資組合或股票相對波動性時，這或許是β值最大的局限，因為β值同樣會隨公司所面臨的刺激類型而出現變化。

　　無論投資組合理論如何發展，不變的一個重點是：雖然投資組合的風險通常低於個股，但仍然有風險（數以百萬計的401K退休福利計畫的投資報酬就能證明）。而變異數和共變異數概念的數學運算，以及一些合理的假設，足以顯示投資組合的風險可以分為兩部分，其中一個是系統性風險，這與市場的大致波動有關。另一個是非系統性

風險，這與投資組合中的股票特殊性有關。後者，即非系統性風險，是投資組合中的個股風險，但我們可以透過適當選擇三十檔左右的股票來消除、或「分散」風險。然而，其他系統性風險並無法消除，投資再怎樣仍然無法擺脫與市場的關係，這時系統性風險就取決於投資者投資組合的 β 值。

β 值大致就這樣了。除了上述對 β 值的批評之外，還有另一個問題，是 β 值把非線性的世界，強行套入了線性的模型。

CHAPTER 08

猜心股市與亂糟糟的股價

Connectedness and
Chaotic Price Movements

就在我投資世通的尾聲，我每天都特別在意當天股市會有什麼新的情況，有時會很早就起床，拿起一罐健怡可樂，看看德國或英國股市的情形。隨著電腦開機，我愈來愈忐忑不安。畢竟，歐洲對前晚壞消息的反應有時預示著華爾街的反應，我害怕我的螢幕上會彈出急劇下跌的走勢圖。大多數的時候，在紐約證交所開盤之前，WCOM在歐洲交易所表現相對平穩。有時候，股價在歐洲上漲時，我會覺得很振奮。但我很快就知道，在海外交易所賣出的小額交易量並不能代表什麼。

　　無論投資者是否在煩惱著糟糕的投資表現，大家都在同一條船上，沒有投資者是孤島（或甚至是半島）。從數學的角度來講，這意味著統計學上的獨立性經常不成立，你的行為會影響我的行為。大多數關於股票市場的描述都認同人們會互相學習和回應，但是若要更理解市場，需要有模型可以反映投資者互動的複雜性。從某種意義上來說，市場就是互動的情況，股票就代表我們。不過，在討論這種複雜性所導致的結果之前，讓我來討論這種複雜性的三個來源，分別是：微觀面、宏觀面，以及個人的分神與衝動。

　　微觀的例子牽扯到內線交易，我一直認為這是奇怪的

犯罪行為。畢竟,很少有精神正常的人,會做謀殺或盜竊的白日夢。但我猜想,許多投資者都幻想著獲得內幕消息,並從中大賺一筆。例如,我確實幻想過自己在飛機上坐在埃伯斯和葛拉曼旁邊(假設他們會坐民航機的經濟艙),並無意中聽到他們談到即將進行的併購或IPO。內線交易似乎是投資者和投機者自然而然會做的極端選擇:盡可能地獲取所有的資訊,並在別人看到並了解他們所看到和理解的資訊之前,採取行動。

內線交易與資訊攻防

我想討論的內線交易與看似無法解釋的股價變動有關,也與打好撲克牌有關。這可以解釋為什麼至少一檔非常成功的避險基金,把打撲克牌納入員工入職培訓的重要內容。與撲克牌有關的策略,不僅包括學習相關的機率,還包括遊戲的必要部分——虛張聲勢。選擇權交易者要競爭的對象,是相對少數的其他交易者,其中又有許多人是他們認識的,這就產生了假動作、誤導和利用特異情形的機會,這樣的例子來自第一章介紹的共識概念。回想一下,如果一群人都知道這個資訊,知道其他人知道這個資

訊，並且知道其他人也知道他們知道這個資訊，無窮無盡地延伸下去，那麼這個資訊就是一群人的共識。最早定義這個概念的奧曼證明了一個定理，可以大致解釋如下：兩個人的分歧觀點最終都會達成一致，因為他們對不同的非公開資訊所做出的理性反應，造成了各自的信念，然後各自的信念逐漸成為共識，接著這些信念就會發生變化，最終達成一致。

　　一旦非公開的資訊成為共識，它會引發決策和行動。不管是誰，聽到青少年八卦消息得來的流言蜚語都可以證明，要把資訊轉變成共識，有時要依賴對他人信念進行複雜的推論。比方說，希伯來大學的經濟學家塞爾吉・哈特（Sergiu Hart），也是眾多以奧曼的結果為研究基礎的學者之一，他用一個與股票市場相關的例子，來證明這一點。這個例子表面上很複雜，但除了能夠解讀八卦、傳聞和謠言，並決定其他人的真實想法之外，並不需要特殊的背景。

　　哈特請我們試想一家必須做出抉擇的公司。為了呼應投資世通的故事主軸，假設它是一家小型電信公司，而該公司必須決定要開發新的行動裝置，還是開發具有新奇功能的手機。假設該公司決定開發任一產品的機率一樣高，

並進一步假設無論公司做出什麼決定，所選擇的產品都有50%的成功機會，比如接到另一家公司的大量訂單。因此，會有四種可能性相同的結果：「行動裝置＋」、「行動裝置－」、「手機＋」、「手機－」（「行動裝置＋」表示選擇開發行動裝置，並且成功，「行動裝置－」表示選擇開發行動裝置，但結果失敗。依此類推「手機＋」和「手機－」的意思）。

假設有兩位具有影響力的投資者，分別是愛麗絲和鮑勃。他們都決定，根據目前的股價，如果這個產品開發成功的機率高於50％，他們應該（繼續）買進，假如機率是50％以下，他們應該（繼續）賣出。

此外，他們各自都了解關於公司的不同資訊。因為愛麗絲有認識公司內部的人，所以她知道公司決定要生產行動裝置，還是手機，但不知道產品是否成功。

鮑勃因為自己在另一家公司的職位，會知道手機專案結果是「不良品」。所以，他知道是否選了手機來進行開發，也會知道成果失敗了。也就是說，鮑勃知道情況是否是「手機－」。

假設行動裝置被選中並進行開發，真正的情況會是「行動裝置＋」或「行動裝置－」。因此，愛麗絲知道是

行動裝置被選中，而鮑勃知道情況不是「手機－」（否則他會接獲不良品的消息）。

　　在第一個階段（幾週、幾天或幾小時的時間間隔）之後，愛麗絲會賣出股票，因為「行動裝置＋」和「行動裝置－」的可能性相同，如果成功機率為50％以下，愛麗絲就會賣出。鮑勃則會買進股票，因為他估計成功的機率是三分之二。他在排除「手機－」後，剩下的可能性是「行動裝置＋」、「行動裝置－」和「手機＋」，其中三分之二的情況是成功的。

　　在第二階段之後，真實情況不是「手機－」，否則鮑勃會在第一階段就賣掉股票，這已成為共識。這對繼續售出股票的愛麗絲來說，不算什麼新聞。鮑勃則繼續買入。

　　在第三個階段之後，大家都知道推出的產品不是手機（既不是「手機＋」，也不是「手機－」），這已成為共識，否則愛麗絲會在第二個階段買進。因此，可能的情況是「行動裝置＋」，或是「行動裝置－」。鮑勃和愛麗絲都認為成功的機率是50％，因此都賣出了股票，股價大幅下跌。（兩位有影響力的投資者都拋售這檔股票，因而引發了市場上普遍地拋售這檔股票。）

　　請注意，一開始愛麗絲和鮑勃都知道真實情況不是

「手機－」，但這種是相互知識，而不是共識。愛麗絲曉得鮑勃知道真實情況不是「手機－」，但鮑勃不曉得愛麗絲知道這一點。從他的立場來看，真實情況可能是「手機＋」，在這種情況下，愛麗絲會知道被選中的是手機，但不知道真實情況是「手機＋」，還是「手機－」。

這個例子可以有很多種變化。比如：大跌前不一定只有三個階段，而是任意次數的階段。而且，股價可能會不斷地上漲（賣家突然轉為買家），而不是暴跌。或者，說不定有大量的投資者或投資團體。或是，除了買進或賣出之外，大家還會討論其他問題，也許是決定要不要採用某種選股方法。

在所有情況下，就算外界沒有風聲，股票的價格也會有所波動。不過，正是檯面下的資訊攻防，讓投資者之間形成共識，最終導致股價出現急劇和意想不到的波動。分析師會對暴跌（或不斷地上漲）感到不解，因為「明明沒發生什麼事情」。

這個例子也與（我猜想是）滿常見的內線交易有關，在這種交易中，「部分內幕人士」知道一點內幕消息，但並不知道完整的情況。

交易策略、衝動和螞蟻行為

投資者之間更宏觀層面的互動，發生在技術派和價值派之間。久而久之，這種相互作用也有助於股市的繁榮與蕭條，以下的電腦模型可以清楚地展現出共識的動態。

假設價值投資者認為個股或整個市場被嚴重低估，然後他們開始買入，股價因此被推高。隨著股價上漲，形成上漲趨勢，由於技術分析者習慣跟著趨勢交易，價格又進一步被推高。很快的，價值投資者就會認為市場被高估了，他們開始賣出，從而放緩趨勢，然後扭轉上漲的趨勢，跟隨趨勢交易的技術分析者最終也會效仿，於是這樣的循環又從頭開始。當然，股市還有其他不同的變化情況（其中一種是在特定時間內，技術分析者和價值投資者兩派在拚人數的多寡），這時股市的震盪是沒有規律的。

這種股市模擬的主要重點是，逆向價值投資者對市場有穩定作用，而技術分析者則會增加市場的波動。電腦計算的程式交易也是如此，往往會按照固定步驟進行買賣。不同類別的投資者之間還有其他類型的相互作用，導致不同週期長短的變化。所有週期都會以疊加的方式，再對其他週期產生不同的影響。

除了投資者之間多少有些理性的相互作用之外，我還不得不注意到個人「只是一時衝動」所產生的影響，此時行為轉向人的心理活動。例如，我記得有好幾次，我很不情願地開始進行專案的工作時，腦海中就浮現完全不相關的瑣碎細節。我可能想到某個詞的詞源是什麼意思。或是，想到系上在開會時，同事的紙袋裂開，裡面露出令人臉紅的雜誌。或者，我會突然在想，為什麼來電顯示沒有出現朋友的正確電話號碼。這些事情又引發我一連串的聯想和思考，最終把我引向另一個完全不同的專案工作上。我在逛博德斯書店時，衝動地決定對WCOM追加第一次保證金，就是另一個例證。

而具有影響力的分析師出現這種反覆無常的情況時，引發的效應會更加明顯。2002年11月，《紐約時報》報導了這樣一個案例，是關於電信產業分析師葛拉曼，他同時也是一名求好心切的父親。據稱，他在給朋友的電子郵件中說到，他的老闆、花旗集團董事長桑福德·威爾（Sanford Weill）在葛拉曼於1999年提高了對AT&T的評等後，幫忙讓葛拉曼的小孩進入了一間高級幼稚園。這篇文章的作者格萊琛·摩根森（Gretchen Morgenson）進一步報導說，威爾想要提高這次的評等有他個人的原因。這

些具體指控是否屬實並不重要，然而，免不了讓人覺得，這種動用影響力的情況並不少見。

這類事件強烈地讓我想到，金融學或經濟學永遠不會成為精確的科學。至少在某些時候，買進和賣出肯定也有類似的不確定性。英國經濟理論家保羅・奧默羅德（Paul Ormerod）在著作《蝴蝶效應經濟學》（*Butterfly Economics*）中，指責這些學科沒有充分考慮到，人們無論是否知識廣博，都會相互影響，這一點是大家都知道的。

正如第二章所述，人們沒有一套固定的偏好，無法據此冷靜理性地做出經濟決策。此外，認為投資者只對價格和幾個比率敏感，這樣的想法簡化了數學模型。而且，對於流行趨勢、時尚和人們日常的模仿行為，我們的經驗並不一定是對的。

在模仿行為方面，奧默羅德說了與螞蟻有關的實驗，提供了有用的比喻。實驗內容如下：把兩堆相同的食物，分別放在離一個大蟻窩同樣距離的地方。實驗者會不斷補充這兩堆食物，所以螞蟻沒有理由會偏好哪一堆的食物。昆蟲學家告訴我們，一旦螞蟻找到食物，牠們通常會回到同一個地方。然而，回到螞蟻穴後，螞蟻會分泌化學物質，刺激其他可能經常去另一堆食物的螞蟻，來跟隨牠走

到第一堆食物那裡。

那麼螞蟻會去哪裡呢？可能有人推測，螞蟻若不是分成數量大致相等的兩批，就是大部分的螞蟻會任意選定去某一堆食物或另一堆食物，但螞蟻的實際行為卻與預期相反。前往兩邊食物的螞蟻數量波動很大，而且從來沒有穩定下來。這些波動情形的圖表看起來很像股票市場的圖表。

在某種程度上，螞蟻就像股票交易者（或決定是否追加保證金的人）。每隻螞蟻離開蟻穴後，必須做出決定：去上次取食的那一堆，還是受到其他螞蟻的影響去另一堆，或者自己主動換另一堆。螞蟻會稍微受到其他螞蟻的影響，而這個情形足以讓到這兩個地點取食的螞蟻數量，出現很複雜和不穩定的波動。

史蒂芬・沃爾夫拉姆（Stephen Wolfram）在他的著作《一種新科學》（*A New Kind of Science*）中，對於這種影響提供了非常淺白的正式模型。想像一下，一面巨大的磚牆，每塊磚都靠著它下面的兩塊磚來支撐。而除了最上面的一排磚，每塊磚上面還被兩塊磚壓著。再想像一下，最上面一排有紅磚，也有綠磚。最上面一排磚的顏色決定了下面一排磚的顏色，所以要在第二排中挑選一塊磚，並檢

查它上面的兩塊磚的顏色。如果兩塊磚中恰好有一塊是綠色的，那麼第二排的這塊磚就是綠色的。假如上面的兩塊磚都是綠色，或者都是紅色，那麼這塊磚就是紅色的。用這種方式來決定第二排每一塊磚的顏色。

第二排磚的顏色同樣決定了第三排磚的顏色。總結來說，任何一排磚的顏色都按照這種方式決定了下面一排磚的顏色，就這樣。

現在，如果我們把一排磚解釋為特定時刻的一群投資者，綠色代表買方，紅色代表賣方，那麼投資者每一刻的情緒變化都反映在接下來各排磚塊的顏色組合變化中。如果我們讓P代表綠磚和紅磚數量的差值，那麼P就類似於股價。把P畫成圖表，我們能看到它以看起來隨機的方式上下震盪。

這個模型可以變得更加接近現實情況。但重要的是，即使是這個原始簡單的版本，就跟螞蟻的行為一樣，也會表現出一種內部產生的隨機雜訊。這顯示股價的**部分**震盪也是內部產生的，換句話說，股價除了受到投資者對彼此反應的影響之外，沒有受到其他事情的影響。在這裡可以看出沃爾夫拉姆這本書的主題，即複雜的行為可以源於非常簡單的互動規則。

股價變動不需要理由：混沌與不可預測性

在預測市場的時候，非公開資訊、投資者的交易策略和一時興起的念頭，這些事情的相對重要性是什麼？而傳統的經濟新聞（利率、預算赤字、會計醜聞和貿易平衡）、流行文化（體育、電影、時尚），它們的相對重要性又是什麼？還有密切相關的政治和軍事事件（恐怖主義、選舉、戰爭），但它們的差異又太大，甚至無法歸類，那它們的相對重要性又是什麼？如果我們要仔細定義這個問題，要精確預測市場可能就是數學家所謂的通用問題，這意味著對這個問題的完整解答，將立即帶出對一大類其他問題的解答。換句話說，這是社會預測中最難的問題。

當然，人們很少注意到這些變因之間的複雜關聯，即使是定義更明確的經濟變因。例如，利率會影響失業率，進而影響稅收。預算赤字影響貿易赤字，從而影響利率和匯率。企業詐欺會影響消費者信心，這可能會讓股市表現不佳，並影響其他指數。為期不同的景氣循環週期會重疊。某個變量或指數的增加（或減少）會影響到另一個變量或指數，在增強或削弱另一個變量的同時，連帶又讓自

已跟著被增強或削弱。

這些關聯很少能用直線的圖表來準確描述，因此讓數學家想到了非線性動力學的理論，更為人所知的說法是混沌理論。這個理論不能解釋無政府主義的論文或超現實主義的宣言，但能解釋非線性系統的行為。為了解釋方便，這些非線性系統的行為可以當作是一些組成部分的集合，其相互作用和關聯可以用非線性規則或方程式來描述。也就是說，方程式中的變量可以相乘、連乘N次方等等。結果是，系統的各個部分不一定以成比例的方式相連，例如家用體重機或溫度計。某個部分的規模加倍，無法使另一個部分的規模加倍，所以輸出也不會與輸入成比例。[1]當然，試圖預測這種系統的長期精確行為，往往是徒勞無功。

讓我用一個特定的物理實例代替技術定義，來描述這種非線性系統。假設你面前有一張撞球桌。想像一下，大約有二十五個圓形障礙物，以隨意的排列方式牢牢固定在撞球桌上。你請來了你能找到的最好的撞球選手，並要求他把球放在桌子上的特定位置，然後瞄準其中一個圓形障

---

1 假如一台承受量最大為100公斤的家用體重機，一個200公斤的人站上去，體重機最多還是顯示100公斤。

礙物，將球擊出。在他這樣做之後，他的挑戰是用另一個球在同一個位置，進行完全相同的擊出動作。即使他在第二次擊出時，角度僅非常微小的偏離了，這兩個球的軌跡很快就會有相當大的差異。球桿撞擊的角度一開始是微小差異，但是因為球不斷撞上其他的障礙物，差異就會被放大。很快，其中一個球將撞到另一個之前完全沒被撞到的障礙物，此時兩個軌跡之間的所有相似性就此結束了。

撞球的軌跡對一開始角度細微變化的敏感性，就是非線性系統的特徵。事實上，看似無關緊要的事件、錯過的班機、巧合的會面，以及塑造和影響我們生活的奇怪錯誤和關聯，這些事情的不相稱影響與撞球軌跡的分歧並無二致。

我再說一遍，非線性系統對初始條件的微小差異的敏感性，基本上很貼近股票市場的各種特性。特別是，股市有時對看似很小的刺激因素（例如公司的營收比預期少了一毛錢），就出現過大的瘋狂反應。當然，有時的差異更為顯著，我們都看過政府對預算盈餘給出的經濟數字和企業會計盈收報表，與「實際」數字是出了名的懸殊。

非線性系統的模型也比線性系統更能模擬投資者行為的各個特性。儘管線性系統和模型更加穩健，但初始條件

的微小差異只會讓最終結果產生微小差異，所以要用非線性系統的模型才會適合。由於線性系統在數學上更容易進行預測，這就是為什麼無論是否適用，人們都經常使用線性系統。我想到了經濟學家在路燈下尋找他弄丟的車鑰匙的笑話，他的同伴提醒說：「你可能在汽車附近弄丟的。」經濟學家對此回答說：「我知道，但這裡的光更亮一些。」

「蝴蝶效應」一詞常用於描述非線性系統的敏感性，從液體流動、心臟顫動、癲癇到價格波動，很多現象都顯示有「蝴蝶效應」的特徵。這個名稱來自於這樣的想法：一隻蝴蝶在南美洲的某個地方拍打了翅膀，可能足以改變未來的天氣系統，像是導致俄克拉荷馬州出現一場原本不會發生的龍捲風。它還解釋了為什麼一般來說，無法對非線性系統進行長期精確的預測。這種不可預測性不是因為隨機性，而是因為過於複雜而無法理解。

而認為非線性系統更能模仿市場的某些部分的另一個原因是，這種系統的「軌跡」通常遵循碎形的過程。這些系統的軌跡結果證明是不定期和不可預測的，而股價變動即是例子。而仔細檢查這些系統，會發現更加複雜的跡象。事實上，更仔細地檢查系統的軌跡會發現，裡面有更

小的漩渦和相同類型的複雜情況。

通常，碎形是線、面或更高維度的物體。而且，愈仔細觀察，就愈發現碎形裡面包含更複雜、但也很相似的東西。舉一個經典的例子來說，無論我們用什麼比例畫海岸線，都會出現特有的鋸齒狀。也就是說，無論我們是使用衛星照片來描繪整個海岸線，還是沿著海岸的某一小段路線，用步行的方式來繪製精細比例的地圖，或者透過放大鏡，來檢查地圖上幾英寸的海岸線。不管是從60公尺高的巨人角度來看，或以昆蟲的近距離觀察，山的表面看起來都大致相同。一棵樹的分枝形狀對我們和對鳥類來說是一樣的，甚至在理想化無限分支的極限情況中，對小蟲或菌類來說也是一樣的。

正如發現碎形的數學家曼德博所寫的那句名言：「雲不是球體，山不是圓錐體，海岸線不是圓形，樹皮不是光滑的，閃電的傳播路徑也不是直線。」這些東西和自然界中的許多形狀都是接近碎形，幾乎在每種尺度上都有特徵性的曲折、高低、凹凸形狀，而更大的放大倍數會產生相似、但更複雜的卷積（convolution）。

那麼重點，或者說，在這種情況下，股票的碎形結構是什麼？從股價波動的兩大基本模式：「上漲—下跌—上

漲」和「下跌—上漲—下跌」開始，隨機選擇其中之一，用縮小模式不斷隨機替換基本模式中三個階段的每一個階段，然後改變模式的尖銳程度，來反映股票的波動變化。曼德博用這種方式建立了他所謂的多重碎形的「偽造品」。這些偽造走勢顯示出價格波動的模式，整體外觀與真實的股價波動並無區別。相比之下，更傳統的價格波動假設，例如嚴格的隨機漫步理論家的假設，會導致與實際價格波動明顯不同的模式。

到目前為止，這些多重碎形模式僅屬於理論，不能預測具體的股價變化。不過，這種模式的特點是方法適度和具備數學的精密度，與第三章提到的艾略特波浪理論不同。

但即使這樣也不能證明（從數學意義上來講），混沌主導了（部分的）市場，但顯然頗容易引起這樣的聯想。一直以來，市場偶爾會出現極端的波動，但傳統的金融方法並不能提供很好的解釋。曼德博把這種方法比喻為「海浪不准超過182公分的海浪理論」。

小世界、冪次法則與野獸

　　人類是社會動物，這意味著我們是彼此連動的，有些人帶來的影響力會比其他人更大，在金融方面尤其如此。每位投資者不僅對相對客觀的經濟考量做出反應，而且對國家和世界領導人的聲明（尤其是像聯準會主席那樣的人）、消費者信心、分析師評等（呸）、大眾和商業媒體報導以及相關的評論、投資刊物、基金和大型機構的行為、朋友和同事的情緒，當然還有對親戚的可笑觀點，都會做出不同程度的反應。

　　股價變化與投資者的各種反應和互動之間的關聯，讓我想到，傳播網路、關聯程度和小世界現象（small world phenomenon）（「哦，你一定認識我叔叔沃爾多第三任妻子的肉毒桿菌醫美醫師」），可以對華爾街的運作產生影響。

　　先來看看常見的情況。股票或指數在短時間內通常呈現略微正向或負向的波動，較不常出現大幅度的正向或負向波動。在大部分的時候，價格會在0%到1%的區間上漲或下跌。在少數的情況下，上漲或下跌的幅度會在1%到2%之間。在極為少數的情況下，上下波動會超過

10％。一般來說，正常的鐘形曲線就足以描述股價的波動。在很短的時間內，最有可能的變化大概是略高於零的微幅上升，反映出市場的長期（在最近是看不出來的）向上趨勢。但事實仍然是，非常大的價格變動，無論是上升，還是下降，都很少見。

然而，人們已經知道（確切地說，是自從曼德博明確表示之後），極端波動並不像正常曲線預測的那樣少見。如果你測量商品的價格變化，例如，在很短的時間內，大量地紀錄大宗商品的價格變化，然後根據這些測量結果製作直方圖，你會注意到圖中間大致是呈常態分布。然而，比起常態分布，這些價格變動的分布似乎有「肥尾」（fat tails）[2]的情形。這顯示股票、指數或整個市場出現崩盤和泡沫的可能性，比許多人願意承認的還要高。事實上，有一些證據顯示，股價的大幅波動最好用「冪次法則」（power law，我很快就會講到定義），而不是用常態曲線的尾部來描述。

對此類證據的間接研究方法，是透過關聯程度和人脈的概念。每個人都聽說過，他們在離家很遠的地方遇見熟

2　原本不太可能出現的機率突然提高了。

人時，有多麼驚訝。（我覺得訝異的是，為什麼有人會一直對這種事情感到驚訝。）大多數人也聽說過，在美國，任何兩個人之間有所謂的六度分隔。（實際上，在合理的假設下，我們每個人平均透過兩個中間人，就可以與其他人產生關聯，儘管我們不太可能知道這兩個中間人是誰。）這個概念的另一個流行例子，則是用是否演出同一部電影來為演員做連結，例如馬龍・白蘭度（Marlon Brando）和克莉絲汀娜・里奇（Christina Ricci），或者凱文・貝肯（Kevin Bacon）和某個演員。如果A和B一起出現在電影X中，B和C一起出現在電影Y中，那麼A透過這兩部電影與C有關聯。

儘管大多數的數學家可能不知道貝肯和他的電影，但他們大多數都很熟悉艾狄胥和他的定理。艾狄胥是一位論文發表量極高、以四海為家的匈牙利數學家，在他漫長的一生中，他為各種數學領域撰寫了數百篇論文，其中許多篇論文是與其他人合寫的，所以這些曾經和他寫過論文的人，他們的艾狄胥數（Erdös number）是1。而與艾狄胥數為1的人合寫論文的數學家，其艾狄胥數是2，依此類推。

關於這種非正式關係網的想法自然會引向最強的網

路，即網際網路，以及分析其結構、形狀和「直徑」的方法。例如，網際網路上近十億個網頁是如何串聯起來的？什麼是好的搜尋策略？平均每個網頁包含多少個連結？網路上內容文件大小的分布情形如何？網頁是否有很多個連結，例如，超過一千個連結？而且，也許最耐人尋味的是，平均需要多少次點擊，才能從隨機選擇的兩個網頁文件之一，連結到另一個？

幾年前，美國聖母大學的物理學教授阿爾伯特—拉茲洛‧巴拉巴西（Albert-Laszló Barabasi）和蕾卡‧艾伯特（Réka Albert）、鄭夏雄（Hawoong Jeong）這兩位學者發表的研究結果強烈顯示，網路不斷變大，而網頁文件以相當集中的方式串聯。別的東西就先不提，極少數熱門的網頁文件卻擁有極多的連結。而不斷增加的網頁數量，和許多網頁指向同一個熱門網址的「群聚效應」，導致更多的網頁做同樣的事情，這就會產生冪次法則。

巴拉巴西、艾伯特和鄭夏雄指出，網頁文件有k個連結的機率，大致與$1/k^3$成正比，或者說是與k的三次方成反比。（這裡我已經四捨五入了，該模型實際上預測的指數為2.9。）這意味著，有二十個連結的網頁文件數量，大約是有十個連結的網頁文件數量的八分之一，因為

$1 / 20^3$是$1 / 10^3$的八分之一。因此，隨著k值的增加，有k個連結的網站數量會迅速減少，但速度遠沒有正常的鐘形分布所預測的那麼快。這就是為什麼冪次法則的尾部比常態分布的尾部更肥（k值非常大的例子更多）。

描述網路的冪次法則（有時稱為比例律〔scaling law〕，或稱為帕雷托原理〔Pareto Principle〕）似乎也描述了許多複雜系統，這些系統能夠自行調整，處於一種敏感的反應狀態。物理學家皮爾·巴克（Per Bak）對冪次現象進行了廣泛的研究，他在著作《大自然的運作》（*How Nature Works*）中聲稱，這樣的$1 / k^m$定律（有不同的指數m），是許多生物、地質、音樂和經濟運作的典型特徵，並且往往出現在各種複雜的系統中。舉一個不同的領域和似乎不相關的動態來說，交通堵塞似乎也遵守冪次法則，對於某一個合適的m值而言，k輛汽車塞在一起的機率大致與$1 / k^m$成比例關係。

甚至語言學中也有冪次現象。例如，在英文裡，「the」這個字最常出現，據說排名第一。「of」、「and」和「to」分別排名第二、第三和第四。像是「Chrysanthemum」（「菊花」的意思）一詞的排名就很後面。而齊夫定律（Zipf's Law）將一個詞出現的頻率與它的排名

k聯繫在一起,並指出一個詞在文本中的出現頻率與1/k^{1}成比例,即與k的一次方成反比。(同樣的,這裡我已經四捨五入了。指數接近1,但不完全是1。)因此,一個相對不尋常的詞,其排名爲10,000,其出現的頻率與1/10,000成比例,基本上完全不像常態分布的尾部所描述的那樣。此外,城市的人口數也遵循了冪次法則,這裡的指數接近1。因此,第k大城市的人口數,為最大城市的人口數的1/k。

巴拉巴西等人的模型最有趣的結果之一是,由於網頁文件(即網路節點)按照冪次法則會互相連結,只要點擊十九次相關連結,即可串起兩個不同的網站。這意味著網海茫茫中,你大約點擊十九次,就可以從任意選擇的網頁跳轉到其他想去的網頁,遠少於人們想像中的次數。另一方面,任意兩人之間只需要區區的六個中間人,就能夠建立起聯繫。相比之下,在網路上卻需要十九次點擊,才能串起兩個不同的網站。我們可能會納悶,為什麼在網路上建立連結的數字要這麼大?答案是,一般的網頁只有七個連結,但普通人卻認識數百個人。

儘管未來幾年,網路將以10的冪次方增長,但可能只需要增加幾次的點擊(例如,從十九次變成二十一

次），就能從任一網頁跳轉到另一個網頁。上述提到的網路成長和偏好連接熱門節點的假設顯示，網路上任何兩個網站要連結的點擊次數 D，受到對數定律的支配。而 D 略大於 2 log(N)，其中 N 是網頁文件的數量，在本書編寫之時約為十億。

如果巴拉巴西這個模型是有效的（還需要進行更多的研究），人們就不會常常覺得難以管理和無法橫越茫茫的網海。假如網頁文件有 k 個連結的機率呈常態分布，則網站之間會更緊密地相互串聯。

冪次法則、網路系統和極端的股價差距有何關聯？投資者、公司、共同基金、券商、分析師和媒體機構透過一個定義模糊的大型網路系統環環相連，這個大型網路系統的節點會對與其相連的節點產生影響。這個網路系統可能比人們所意識到的還更緊密相連，並且包含更多熱門（也因此有影響力）的節點。在大多數的情況下，這並不會有所差別，而且股價的變動是由無數投資者**獨立地**來回拉鋸的結果，所以股價呈現常態分布的情況。

但是，交易量非常高時，相對較少的熱門節點會強烈影響交易的方向，這些節點就是共同基金、分析師或媒體機構，他們的情緒反應會變得很一致，而這種一致性會產

生極端的價格波動。（在WCOM下跌的期間，它常常是那斯達克股票市場裡交易量很大的股票。）我重申，會有少數非常熱門、與其他很多節點相連的節點，它們被連結的頻率之高，是因為受到冪次法則的影響，而不是常態分布的結果。這些少數非常熱門、連結極多、十分有影響力的節點，導致市場上趨於一致的情況蔓延開來，這種情況出現的頻率會超乎人們的預期，因此也會出現極端的股價波動。

其他例子也顯示，市場冪次法則$1/k^m$中的指數m，可能不是3，但重點是成立的。舉例來說，股票交易系統的行為有時更像在盲目跟風，變幻莫測，比起系統所指出的一般情況還嚴重。或許，1929年的股災、1987年的崩盤，以及2000年的網路泡沫不應該被視為無法解釋的反常現象（或「罪有應得」），而是網路系統動態產生的自然後果。

顯然，要理解為什麼冪次法則如此普遍，還有很多研究要做。我認為，現在需要的是類似於統計學裡的中央極限定理，它解釋了為什麼常態曲線會出現在這麼多不同的情境中。冪次法則儘管不是嚴謹的解釋，仍舊替泡沫和崩

盤的頻率，也替所謂的波動群聚（volatility clustering）[3]提供了解釋，而這些情況似乎都是真實市場的特徵。冪次法則還強化了一種印象，即市場是不同類型的野獸，不像社會科學家通常在研究的對象。或者說，社會科學家一直在用錯誤的方式來研究這些野獸。

我應該指出，我對網路系統和關聯程度的興趣，與我最初對世通的興趣多少有些關係。畢竟，世通不僅擁有MCI電信公司，而且正如我已經兩次提到的，UUNet公司是「網際網路的骨幹」。可見人的執念要消退，速度是很慢的。

贏家通吃的世界

世通公司的總部最早是設在密西西比州，埃伯斯假裝塑造了一種樸實無華的鄉土風格，但對密西西比人和世通的基層員工而言，他帶來了陌生的政治和經濟影響力。為此，他可以作為下一段內容的代名詞。

冪次法則不僅是數學雙關語，也與經濟、媒體和政治

3　如果某事件引發股市巨幅波動，那麼也可能引發其他衝擊市場的事件，造成「巨幅波動之後又有連續的巨幅波動」。

權力，以及股票市場有關。[4]在不同的社會層面上，冪次法則背後的動態可能導致資源更集中，使得情況超乎我們原本的預期。比方說，出現更多影響力龐大的經濟、媒體和政治精英，以及隨之而來的懸殊差距。無論情況是否如此，也不管懸殊差距是否是複雜社會的必然運作情況，當代美國肯定是普遍存在這種差距的。例如，相對少數的人占有巨額財富，以及相對少數的人吸引了媒體極大的關注。

　　聯合國幾年前發布的一份報告指出，世界上最富有的三個家族，分別是蓋茲家族、汶萊的蘇丹和沃爾瑪的沃爾頓家族，這三個家族的淨資產超過了地球上四十三個最貧窮國家的GDP總額。儘管聯合國的聲明像是在拿蘋果跟橘子比，有誤導之嫌（畢竟，《富比士》的美國四百大富豪榜和低度開發國家的財富，會定期增減和重新調整），但只要經過適當修正，上述結論仍然成立。

　　（另一方面，在**某些**幾乎人人都很貧窮的國家，當地財富分配的情形很可能比美國還要一致，這顯示相對的均等並不能解決貧窮問題。我猜想，只要社會滿足最低限度的條件，那麼顯著、但不離譜的財富差距，說不定比相對

4　冪次法則的原文為power law，字面上亦可以解釋成「權力法則」。

平等更有利於創造財富。不過，條件是：以法律為基礎，提供教育和其他機會，並允許人民可以擁有少許私人財產。）

富者愈富的態勢在製藥業最為明顯，可以體會到，這些公司花在為富人研究優質生活形態藥物（lifestyle drug）的資金，遠遠多於為全球數億窮人研發拯救生命的藥物。與其試圖想出治療瘧疾、腹瀉、肺結核和急性下呼吸道疾病的方法，製藥業把資源用於治療皺紋、性功能障礙、禿頭和肥胖症。

調查顯示，美國公司執行長的薪酬是基層員工的五百倍左右，達到了歷史最高水準，而且不管執行長是否替公司賺了錢，也不管他或她是否遭到起訴。（假設每年有兩百五十個工作日，經過計算可以知道，執行長只需要半天的時間，就能賺到員工需要一年才能賺到的錢。）紐約大學的愛德華‧沃爾夫教授（Edward Wolff）估計，最富有的前1%美國人擁有全國一半的股票、債券和其他資產。而康乃爾大學的羅伯‧法蘭克教授（Robert Frank）也說過贏家通吃的薪酬模式，從體壇、娛樂界，一直到美國人生活的方方面面，處處可見。

而過高的薪酬，往往會導致如暴君尼祿般的傲慢。比

如，高科技業的世通公司在2002年倒閉之前，就面臨著許多問題。當時，埃伯斯是否善用公司的一流技術人員（至少是那些沒有辭職或被解僱的人）來設計聰明的策略，使公司擺脫困境？並沒有，他為了省錢，竟然取消了給員工的免費咖啡。隨著泰科公司的情況每況愈下，其執行長柯茲羅斯基拿公司的數百萬美元購買個人物品，其中包括價值6,000美元的浴簾、1萬5,000美元的雨傘架和700萬美元的曼哈頓公寓。

（即使是成功的執行長，行事也不一定溫文儒雅。甲骨文公司的賴瑞・艾利森〔Larry Ellison〕的死對頭是比爾・蓋茲，幾年前艾利森承認對微軟進行了商業間諜活動。有趣的是，甲骨文找來的老練商業間諜並沒有使用最先進的電子設備，而是試圖購買支持微軟的組織的垃圾，想從垃圾裡翻出有關微軟公關計畫的線索。我在這裡說的是真正的紀錄，而不是網站會留在你電腦上的那種紀錄。間諜從撕開的信封上找尋潦草的記事內容和地址，而不是電子郵件和網路ID。他們會碰到病菌和細菌，而不是電腦病毒。）

我們應該如何看待這些故事？幸好，共產主義已經名聲敗壞，但不受監管、只有最低限度管制的自由市場有一

些明顯的缺點（從一些會計師、分析師、執行長，以及是的，那些貪婪、受騙和短視的投資者的行為中可以看出）。當然，美國國會在2002年提出的改革措施，有望改善市場，但在這裡，我只想對如此懸殊、且不斷擴大的貧富差距表示憂慮。

而美國懸殊的貧富差距和經濟失衡，也影響到了媒體生態。如今，名人愈來愈有名，也愈來愈受到吹捧。（歡迎提出你最喜歡的十個例子。）雜誌和電視愈來愈常製作專題節目，詢問誰當紅，誰過氣。甚至Google搜尋引擎也有一個網頁，在這個網頁中，瀏覽者可以查看前一週吸引最多點擊次數的話題和人物。名人的興衰似乎構成了一種市場，其中幾乎所有的「交易者」都是技術分析者，試圖猜測其他人的想法，而不像價值投資者會去尋找有價值的內容。

上述模式也適用於政治領域。一般來說，報紙頭條焦點無疑是美國總統，其他重要的新聞人物是總統候選人、國會議員和其他聯邦官員。

二十年前，社會學家赫伯特・甘斯（Herbert Gans）在著作《決定什麼是新聞》（*Deciding What's News*）中指出，80%的國內新聞報導，都與上述四類人有關。其餘

20％的故事大多與其他2.8億的美國老百姓有關。只有不到10％的報導，是關於抽象概念、實物或系統。這種情況至今仍沒有太大變化（除了有線電視主要是播放災難故事、作秀公審和談論恐怖分子的節目）。一般而言，報紙有篇幅進行更題材廣泛的新聞報導，儘管研究發現，在《紐約時報》和《華盛頓郵報》的全國性報導中，高達50％的新聞來自於美國政府的官員。另一方面，網際網路會有更加廣泛的題材，但跡象也強烈而明確地顯示，名位之分和集中化的情況不斷加劇。

那麼，關於國外的新聞報導呢？對於海外新聞人物的報導，出現頻率也顯示出同樣的偏頗。我們看到的都是國家元首、反對黨或軍隊領袖的意見，偶爾也會看到其他人的意見，但廣大民眾根本很少會出現在媒體上。新聞的經驗法則是，一個美國人的新聞價值等於十個英國人，等於一千個智利人，等於一萬個盧安達人。雖然這個法則會隨著時間和環境而變化，但它確實代表著不可否認的事實：美國人和其他國家的人一樣，對世界上某些地方的關心程度遠低於別的地方。甚至峇里島的恐怖襲擊事件在美國也沒有獲得太多的報導，世界上有許多地區根本沒有記者，所以這些地區形同隱形。

這種不平等差異可能是複雜社會的自然結果，但這並不意味著情況需要像現在這樣極端，也不代表人們要一直接受這種情況。也許股市最近的波動激增是前兆，顯示著未來將會出現更大的社會差距。

CHAPTER 09

破解複雜的市場規則

From Paradox to Complexity

喜劇演員格魯喬‧馬克思（Groucho Marx）信誓旦旦地說，他一定不會加入願意收他為會員的俱樂部。希臘詩人埃庇米尼得斯（Epimenides）（簡直是）前後矛盾地喊道：「所有的克里特島人都說謊。」[1]檢察官用低沉的嗓音說：「你必須回答『是』，或『不是』。你接下來要說『不是』嗎？」脫口秀嘉賓感嘆她的哥哥是獨生子。投資書籍的作者建議我們，跟著他數以萬計的讀者的操作方式，但他的讀者都跟大眾反著做。

　　也許是我自己對數學邏輯的研究，以及該領域對悖論和自我參照的強調，使我深受影響，我自然會對市場自我矛盾和自我參照的特性感到興趣，尤其是對效率市場假說。它能被證明嗎？能被證明是錯的嗎？這些問題讓人有更多的疑問。不過，我認為效率市場假說，不一定是真的，也不見得是錯的。

所有人都不相信，所以它是真的⋯⋯

　　如果絕大多數投資者都相信這個假說，他們就會認為

1　如果這句話為真，所有克里特島人都是騙子，那埃庇米尼得斯也會是個騙子，因為他就是克里特島人。相反的，若他說的話是假的，那麼所有的克里特島人都應該不是騙子，如此這句話就無法成立。

一檔股票的新資訊會迅速反映在股價上。具體來說，人們會篤定，由於新聞幾乎立即使股價上漲或下跌，加上新聞是無法預測的，所以股價的變化也無法預測。因此，贊同效率市場假說的投資者會進一步認為，找出趨勢和分析公司的基本面是浪費時間。基於這一點，所以他們不太會去關注有什麼新的發展。但是，如果偏少數的投資者在尋找先機，市場就不會快速對新資訊做出反應。這樣一來，對該假說的壓倒性信念，就使得該假說無法成立。

為了繼續這個燒腦的問題，現在回顧一下邏輯的規則：句式為「H意味著I」等同於句式為「非I意味著非H」。例如，「下大雨，意味著地上是濕的」這句話在邏輯上等同於「地上是乾的，意味著沒下大雨」。運用這種等同關係，我們可以重申：對效率市場假說的壓倒性信念，導致（或意味著）該假說無法成立。換個說法，如果效率市場假說是真的，那麼大多數投資者並不認為它是真的。也就是說，如果它是真的，大多數投資者都認為它是錯的（假設幾乎所有投資者都有自己的觀點，並且每個人要麼相信它，要麼不相信它）。

現在我編造一個名稱不是那麼好聽的「遲緩市場假說」（Sluggish Market Hypothesis），即認為市場對新資訊

的反應相當緩慢。因此，假如絕大多數的投資者都相信遲緩市場假說，那麼他們都會相信，值得花時間尋找趨勢和分析公司，而且這樣做也能實現效率市場。因此，如果大多數投資者相信遲緩市場假說是真的，他們就會透過自己的行動使效率市場假說成為真的。我們得出的結論是，假設效率市場假說是錯的，那麼大多數投資者並不認為遲緩市場假說是真的。也就是說，如果效率市場假說是錯的，那麼大多數投資者認為它（效率市場假說）是真的。（你可能想到安靜的角落，把上面幾句話反覆讀幾次。）

總之，假如效率市場假說是真的，大多數投資者不會相信。如果它是假的，大多數投資者就會相信。或者說，大多數人要認為效率市場假說是錯的，效率市場假說才是真的。（請注意，對於遲緩市場假說而言，情況也是如此。）這些假說確實是很奇怪！

當然，我做了一些可能不成立的大膽假設。一是如果投資者相信兩個假說中的一個，那麼他就會不相信另一個，而且幾乎所有人都相信其中一個假說。我還假設，「絕大多數」的意思很清楚，但我忽略了一個事實：有時候少數幾位投資者就能撼動市場。（因此，整個論述只能套用在一群知識廣博的交易者身上。）

這個論述的另一個漏洞是，任何涉嫌偏離效率市場假說的情況，都可以歸因於資產定價模型出了差錯。出於這個原因，也不能一口就否定這個假說。也許某些個股或類股的風險，高於定價模型所考慮的風險，而這正是它們的投資報酬更高的原因。儘管如此，我認為重點仍然是：效率市場假說的真假並非不可改變，但關鍵在於投資者的信念。此外，該假說的真實性，會隨著採信的投資者比例，出現反向的變動。

就整體而論，大多數投資者、華爾街的專業人士和世界各地的業餘人士都不相信效率市場假說，因此我認為這個假說是成立的。但只是近似成立，而且也只是在大多數時候是成立的。

囚犯困境、報酬與市場

所以，你並不相信效率市場假說。儘管如此，光是發現簡單有效的投資規則仍不夠。其他人絕不能發現你在做什麼，無論他們是透過推論，或是看到你在商業雜誌上自吹自擂的報導。當然，你要保密的原因是，如果不保密，簡單的投資規則會變得愈來愈複雜，最終導致超額報酬變

成零,而且要靠運氣投資。

受到其他投資者的行為所影響,這種日益複雜的情況無法避免。因為,如果他們注意到(或推論出,或得知),你用簡單的技術交易規則操作成功,他們也會嘗試做同樣的事情。所以,考量到其他人的反應,你必須用更複雜的投資方法(雖然這可能會減少你的超額報酬)。當然,在你採取更複雜的投資策略後,也會激發其他人效法,導致策略變得更複雜,超額報酬再減少。很快的,你的策略就會近乎隨機的複雜,超額報酬基本上也會降至零,所以你又回到靠運氣投資的狀態了。

當然,如果你得知別人的顯赫績效,你也會有一樣的模仿行為。事實上,經典的「囚犯困境」闡明了一種情況,而這個派上用場的難題,最初是用來描述監獄裡的兩名囚犯。

這兩人涉嫌重大罪行,但因觸犯輕罪而被逮捕,並單獨接受審問。兩人可以選擇承認重大罪行,並因此牽連到他的夥伴,或是保持沉默。如果雙方都保持沉默,他們將被判入獄一年。假如一個人認罪,另一個人不認罪,認罪的人可以獲得釋放,另一個人則被判處五年的刑期。倘若他們都認罪,雙方都得入獄三年。若選擇合作(也就是與

另一個犯人合作），就保持沉默，選擇不合作則認罪。考慮到代價和人類的心理，最有可能的結果是雙方都認罪。但對**雙方**最好的結果，是兩人保持沉默。不過從**個人**的角度而言，最好的結果就是自己認罪，夥伴保持沉默。

這個困境令人著迷之處，不在於人們對囚犯的權利感興趣。（事實上，這比較是刑事司法的範疇，就像四色圖定理〔four color map theorem〕[2]跟地理學的關係一樣。）更準確地說，它為許多生活情境，提供了邏輯思考框架。無論是商場上的談判者、婚姻關係中的一方，還是爭端中的國家，我們的選擇通常可以用囚犯困境來描述。如果雙方（或多方）都只追求自己的利益而不合作，結果對雙方（或多方）來說都更糟。然而，在任一情況下，若其中一方不合作，這樣對他自己最有利。亞當‧斯密認為，「看不見的手」會讓個別參與者在追求私利的過程中，給所有參與者帶來利益，不過至少在上述情況（和某些情況下），是相當難實現的。

這種困境還有多人市場版本：有些投資者注意到可以利用的股市異常情況時，可能會採取行動，從而降低市場

2　任何一張平面地圖只需要用四種顏色，就能使具有共同邊界的區域塗上不同的顏色。

的效率（不合作）。或者是忽略異常情況，從而省下要跟上趨勢的麻煩（合作）。如果有人選擇忽視，但其他人採取行動，則後者將獲得最大的報酬，前者獲得最小的報酬。跟標準的囚犯困境一樣，玩家的合理反應是選擇不合作，並對所有可能給自己帶來優勢的異常情況採取行動。這種反應導致了更加複雜的技術交易策略，就有如「軍備競賽」的情況。人們尋找特殊的知識，結果最終變成了共識，而兩者之間的動態產生了市場。

這種尋找優勢的情況讓我們想到股票分析師和投資專家的社會價值，儘管近年來有大量關於他們的負面報導，但他們提供了一項最重要的服務：透過他們的行動，幫忙把特殊知識轉變成共識，並在過程中使市場變得更有效率。由於我們無法強制重塑人類的心理，也沒辦法採取極權手段重塑經濟體系，所以他們的成就很了不起，而且很重要。如果這意味著與其他投資者「不合作」，那就不合作囉。當然，合作通常是值得嚮往的，但要投資者透過合作來做出決策，似乎有極權主義的意味。

用「複雜性」思考市場

交易規則的複雜性有別。當然，人們認同的大多數規則都很簡單，例如，支撐位、本益比，或裙襬的長度和超級盃。然而，其他的規則就相當複雜，且附帶條件。由於可能的規則非常多種，我想採取間接和抽象的方法，希望這種方法能產生更多通俗方法所忽略的深刻見解。這個方法的關鍵，是給予（一種）複雜性正式定義。用直覺來理解這個概念會發現，若有人用詳盡且冗長的朋友地址、孩子年齡和特殊紀念日等故事，來記住自己的八位數密碼，他是在做蠢事。只有在你運用的縮寫或口訣，短於你要記住的東西時，記憶法則才有意義。

讓我們回過頭來想一下，要如何把下面的數列描述給看不到這些數列的人。我們可以想像1代表股價上漲日，而0代表下跌日，或者是股價上下波動的日子。

1. 0 1 0 1 0 1 0 1 0 1 0 1 0 1 0 1 0 1 0 1 0 1 0······

2. 0 1 0 1 1 0 1 0 1 0 1 0 1 1 0 1 0 1 0 1 0 1 0 1 1······

3. 1 0 0 0 1 0 1 1 0 1 1 0 1 1 0 0 0 1 0 1 0 1 1 0 0······

第一個數列是最簡單的,由0和1交替排列而成。第二個數列有某種規律性,單獨一個0,有時後面接著一個1,有時0後面接著兩個1,如此交替排列。而第三個數列似乎沒有顯示出任何模式。請注意,「……」在第一個數列中的含義是清楚的,但在第二個數列中就不太清楚了。在第三個數列中則是完全不清楚。儘管如此,我們假設這些數列都有一兆位元長(位元是電腦資料的最小單位,以0或1來表示),並「以相同的方式」繼續下去。

美國電腦科學家格雷戈里·柴廷(Gregory Chaitin)和俄羅斯數學家科摩哥洛夫(A. N. Kolmogorov)由於受到此類例子的啟發,他們把0和1數列的複雜性定義為,產生(即印出)該數列的最短電腦程式的長度。

要印出上面第一個數列的程式可以簡單地描述為:印一個0,然後印一個1,如此重複五千億次。這樣的程式很短,尤其是與它所產生的數列相比。第一個數列由一兆位元構成,這個數列的複雜性可能只有幾百位元,在某種程度上取決於要用哪種電腦語言來編寫程式。

產生第二個數列的程式可以用以下的方式來表達:印一個0,後面跟著一個1或兩個1,在這個模式中,插入1的次數是一次、兩次、一次、一次、一次、兩次、一次、

一次、一次、一次、兩次等等。任何印出這個一兆位元數列的程式都必須非常長，以便確切指出0後面接著幾個1的「……」情況。然而，由於這個數列是由0接著一個或兩個1，有規律地交替排列，最短的程式會遠短於它所產生的一兆位元數列。因此，第二個數列的複雜性可能只有兩千五百億位元。

至於第三個序列（最常見的類型），情況就不同了。我們假設，這個數列在其一兆位元長度中仍然是毫無規則的，因此我們用來產生這個數列的程式，不會短於數列本身的長度。數列的內容從不重複，也永遠不會出現可循的模式。在這種情況下，程式所能做的就是呆板地列出數列中的位元：印1，然後0，然後0，然後0，然後1，然後0，然後是1……後面的「……」沒有辦法被簡化，所以也無法縮短程式。這樣的程式會和要列印出來的數列一樣長，因此第三個數列的複雜性大約為一兆位元的長度。

像第三種數列，需要和它一樣長的程式來產生，就稱為隨機數列。由於隨機數列沒有規律性或順序，印出它們的程式只能下指令將它們複製出來：印1000101101 1……這類型的程式無法縮短，它們產生的數列的複雜性就等於這些數列的長度。相比之下，像第一個這樣有次

序、有規律的數列，可以由非常短的程式來產生，且其複雜性遠小於數列的長度。

回到股票上，不同的市場理論家對於0和1（下跌和上漲）的出現模式會有不同的想法。嚴格的隨機漫步理論家可能認為，第三個數列是股價波動的特徵，因此市場的波動超出了人類所能預測的「複雜程度」（如果我們以0和1的數列來表達想法，那麼市場的變動要比我們、或我們的大腦更複雜）。而技術面和基本面分析師可能更傾向於相信，第二個數列是市場的特徵，而且在喧鬧中存在零星的秩序。很難想像有人會相信，價格走勢遵循第一種規律數列，可能只有那些「只花99.95美元，就能買到全套錄音帶來解釋這個革命性系統」的人會相信吧。

我重申，這種思考股價走勢的方法相當簡陋，但它確實「抓住」了爭議的精髓。相信市場存在某種模式的人，無論模式是否可利用，都會相信市場走勢的特點，是其股價變動的複雜性介於上述第二種和第三種數列之間。

前面提到的柴廷，他對數理邏輯家庫爾特・歌德爾（Kurt Godel）著名的「不完整定理」（incompleteness theorem）提出了粗略的解釋，並在這個問題上提供了有趣的間接說明：如果市場是隨機的，我們可能無法證明這

一點。原因是，假設隨機市場被編碼為0和1的數列，而且我們自己也被編碼成0和1的數列，由於隨機市場遠比我們複雜，所以隨機市場超出了我們的複雜程度，這樣似乎很合理。從複雜性的定義來看，一個數列不能產生比自己更複雜的另一個數列。因此，如果一個人要預測隨機市場的確切變動，市場的複雜性必須低於人的複雜性，這與假設相反。即使市場不是隨機的，它的規律性仍有可能非常複雜，超出了我們的複雜程度。

然而，價格變動的複雜性，以及投資者加上電腦的複雜性，沒有理由不會隨著時間而改變。市場效率愈低，價格變動的複雜性就愈小，技術面和基本面分析工具就愈有可能被證明是有用的。相反的，市場愈有效率，價格變動的複雜性就愈大，價格變動也愈接近完全隨機的數列。

要想打敗市場，你就必須處在人們集體複雜程度的頂峰。另外，還需要運算更快的電腦、更好的數據、改良的模型，以及更聰明地使用數學工具，從傳統的統計數據到神經網路（電腦化的學習網路，經過一段時間訓練後，各個節點之間的連結能夠加強或削弱）。然而，如果這對任何人或團體來說都是可實現的，那麼領先地位就不太可能維持太久。

價值一百萬的難題

但是，如果與事實相反，有一個組織具有足夠的複雜性和速度，能夠對市場和其中的個人行為，做出高度準確的預測呢？光是這樣一個單位的存在，就導致了紐康伯悖論（Newcomb's paradox），這個悖論是在質疑賽局理論的基本原理。

我對紐康伯悖論做了一些變動，在我這個版本中，假設有一個「世界級選擇權造市商」（World Class Options Market Maker，以下簡稱 WCOMM），這個機構（還是應該說這個人？）聲稱，有能力準確預測人們會從兩個選擇中，選擇哪一個。再想像一下，WCOMM 在華爾街設立了長長一排的攤位來展現其能力。

WCOMM 解釋說，它使用兩個投資組合，來測試人們。投資組合 A 裡有一張 1,000 美元的短期國庫券，而投資組合 B（全都是 WCOM 股票的買權或賣權）要麼一文不值，要麼價值 100 萬美元。對於在現場排隊測試的**每個人**，WCOMM 的攤位有上述兩種類型的投資組合，並為每個人提供以下選擇：他或她可以選擇**單獨**持有投資組合 B，也可以選擇持有 A 和 B **兩個**投資組合。然而（這一點

很關鍵），WCOMM還表示，它已經利用其深不可測的力量，分析了每位排隊者的心理、投資資歷和交易風格，以及市場的整體狀況，如果它覺得某個人會選擇持有這兩個投資組合，它可以保證投資組合B的價值為零。另一方面，如果WCOMM認為，某個人相信它的智慧，並只持有投資組合B，那麼它就可以保證投資組合B的價值為100萬美元。在解說完畢後，WCOMM颼起一串數字和股票代碼就快速離開了，然後攤位開始進行測試。

華爾街的投資者親眼看到，在大排長龍的隊伍中，有人選擇同時持有兩個投資組合，大多數的時候（比如說有90％的機率）投資組合B毫無價值，而這個人只能得到投資組合A中的1,000美元短期國庫券。他們還注意到，有人選擇單獨持有投資組合B時，大多數的時候它的價值為100萬美元。

我觀察了前面排隊者面前的投資組合，也看到他們的選擇和結果。終於，輪到我看WCOMM為我準備的兩個投資組合。儘管我已經看到了證據，但我認為沒有理由不同時持有這兩個投資組合。WCOMM已經走了，也許去倫敦或法蘭克福或東京的金融區，向其他投資者提供類似的建議。而投資組合B要麼價值100萬美元，要麼價值為

零，所以為什麼不同時持有兩個投資組合，這樣100萬加上1,000，可能得到100萬1,000美元呢！唉，WCOMM看透了我臉上詭祕的笑容，在打開我的投資組合後，我只賺到了1,000美元。我的投資組合B包含WCOM的買權，履約價為20美元，而股價為1.13美元。

紐康伯悖論是由物理學家威廉・紐康伯（William Newcomb）提出的（不是最早發現班佛定律的西蒙・紐康伯，但名字裡同樣有WCOM這四個嘲諷的字母），後來這個悖論被哲學家羅伯特・諾齊克（Robert Nozick）給炒熱，引出了其他的問題。如前所述，在做出決策時，面對兩個不衝突的賽局理論原則，要選擇哪一個卻成了問題。

「優勢」原則告訴我們，要兩個投資組合都選，因為無論投資組合B是否包含價值100萬美元的選擇權，兩個投資組合的價值至少會等於一個投資組合的價值。（如果投資組合B毫無價值，則1,000美元大於0美元。假如投資組合B價值100萬美元，則100萬1,000美元就大於100萬美元。）

另一方面，「期望值最大化」原則告訴我們，只選投資組合B，因為這樣做的期望值更大。由於WCOMM在

大約90%的情況下是正確的，因此只選投資組合B的期望值為（0.9×$1,000,000）＋（0.1×$0），也就是900萬美元，而持有兩個投資組合的期望值為（0.1×$1,001,000）＋（0.9×$1,000），也就是10萬1,000美元。矛盾的是，這兩個原則似乎都是合理的，但它們卻建議了不同的選擇。

這也引發了其他的哲學問題，但它讓我想起了自己固執地不跟從群眾拋售WCOM股票。其中，多數人的投資組合B內是價值100萬美元的股票賣權。

從上面的情況來看，似乎得出了一個結論：神通廣大的投資者或心理學家是不可能存在的。不管怎樣，我們都是靠自己來操作投資。

荒謬的電子郵件和世通的結局

運氣是變幻莫測的，會想試圖控制情況也是人們的自然反應。這讓我想到了我替世通寫的電子郵件（就像小說《何索》〔Herzog〕裡的無助主角一樣），我把電子郵件寄給了多位有影響力的人。CNBC財經節目主持人瑪麗亞‧巴蒂羅莫（Maria Bartiromo）老是一臉高傲，而財經

名嘴詹姆斯・克瑞莫（James Cramer）總是大呼小叫、激動不已，我已經厭倦了自己暗地與他們進行單方面的爭論，因為他們不斷在說世通的壞消息。因此，在2001年秋季，也就是世通倒閉前的五、六個月，我聯繫了網路上的商業評論員，他們看衰世通過去的業績和未來的展望。由於我在世通聊天室那種口氣肆無忌憚的氛圍裡待了太久，我痛斥他們的短視，不過我是用溫和的語氣，還勸告他們要以不同的方式看待該公司。

最後，由於對WCOM股價不斷下跌感到沮喪，我在2002年2月上旬，給當時的執行長埃伯斯發了一封電子郵件，表示他們沒有有效地說明公司的情況，並異想天開地提議要替他們撰寫文案，提供幫助。我還說，我在世通上投入了大筆資金，在我的建議下，我的家人和朋友也投入了大筆資金。所以，只要我相信某件事，就可以成為很有說服力的寫手，而我認為世通的定位很好，但被嚴重低估了。我愚蠢地告訴該公司的執行長，UUNet是大部分網際網路的「骨幹」，單單UUNet就是個瑰寶。

連我在寫這些信的時候，我也知道發送這些電子郵件很荒謬，但這給了我暫時的錯覺，讓我覺得自己在對這檔頑固的股票做點事情，而不是出清賣掉。投資世通最初似

乎是一件想都不用想就可以做的投資決定。但到現在才意識到，這樣做確實沒有經過深思熟慮，不過一切都太遲了。在2001年到2002年的學年期間，我每週有一天會從費城坐火車到紐約，在哥倫比亞大學新聞學院講授「新聞中的數字」這門課程。在通勤的兩個半小時裡，我無法得知WCOM的股價動盪變化，真是折磨人。所以一從地鐵出來後，我就會跑到辦公室的電腦前看盤。這完全不是聰明的長期投資者的行為。即使在那時，我的行為也顯示了我相當愚蠢地沉迷於股市。

想到有兩、三次我差點可以從這檔股票中脫身，也是覺得很嘔，最後一次機會是在2002年4月。難以置信的是，即使在那時，我仍然對攤平的想法有些執著。所以價格跌破5美元時，我買入了更多的WCOM股票。然而，在那個月中旬左右，我確實堅定、明確地決定要賣出。到了4月19日星期五，WCOM已經回升突破7美元，這至少可以讓我彌補一小部分損失，但當天早上我沒有時間去賣股票。我必須開車到紐澤西州北部，去當地的大學發表一場很久以前就答應人家的講座。講座結束後，我在想是該回家賣掉我的股票，還是乾脆用學校的電腦，來登錄我的嘉信帳戶。最後我決定回家處理，但當天下午那條該死

的紐澤西州高速公路上大塞車，塞到我下午4點5分才到家，那時已經收盤了，所以我不得不等到星期一再說。

投資者對於要抱著波動較大的股票到隔週，通常會感到緊張，我也不例外。我的焦慮並非空穴來風，那天晚上晚些時候，有消息指出，世通的債券評等即將下調，還有美國SEC又宣布對該公司進行全面調查。到了週一，這檔股票的價值已經下跌超過三分之一，而這時我終於以巨額虧損賣出了這檔股票。幾個月後，由於大規模會計假帳曝光，這檔股票完全崩盤，跌至0.09美元。

為什麼我違反了最基礎的投資基本原則：不要輕信炒作和不實際的狂熱。記住，即使你違反基本的投資原則，但也不要在同一個籃子裡放太多雞蛋（尤其是一股腦兒地以為情況樂觀）。就算你雞蛋都在同一個籃子，但也別忘了為突然下跌採取防禦措施（比如購入賣權，而不是買權）。即使你還是沒做到，起碼也不要融資。我賣掉我的持股後，我感覺自己好像漸漸地、昏昏沉沉地從自我誘導的恍惚中清醒過來。我早就知道史上記載最早的一窩蜂「囤貨潮」，其中之一是17世紀荷蘭的鬱金香球莖狂熱。在鬱金香暴跌後，人們還談到他們清醒後，意識到自己持有幾乎毫無價值的球莖，和可以買入更多該商品的選擇

權，卻苦於無法脫手。以前我對鬱金香球莖的「投資者」嗤之以鼻，現在只能苦笑當時自以為是。我就像那些買球莖的人一樣，容易受到情緒短暫失控的影響。

我一直注意世通的故事進展，包括對詐欺的調查、各種起訴、新上任的管理者、公司承諾的改革和法庭和解。而且奇怪的是，圍繞醜聞及其後果的報導讓我對自身經驗產生疏離，降低了這件事對我的影響強度。我的損失已經不像是個人的小故事，反而更像是大新聞（的一部分）。這不像是我的錯誤造成的，而是要歸咎公司行為。但這種責任的轉移既不令我寬慰，也沒有給我什麼賠償。基於事實以及個人特質作祟，我繼續認為自己是一時沉迷，而不是深受其害。我依然斷不開對這檔股票的掛念，有時我還在想，如果世通對美國第四大電信公司Sprint的收購案沒有告吹……如果埃伯斯沒有借了4億美元（或更多）……如果安隆沒有破產……如果這個、那個、或其他事件在我賣出股票之前沒有發生，會是怎麼樣的情況？那麼我一股腦兒地賣掉股票可能會被視為大膽的行為。畢竟，無論事件發生的機率有多大，一旦發生了，事後看來總是對的。

有一個事實仍不容置疑：在華爾街，敘事和數字不安地共存著。市場和人一樣，基本上是理性的野獸，偶爾會

受到自身潛在的動物性情激怒和擾亂。本書中討論的數學通常有助於理解（儘管不能戰勝）市場，但我想用心理上的警告來結束本書。這裡討論的數學工具根據的是投資者有時鬥智、且總是變來變去的投資態度。由於投資者的心理狀態在很大程度上是難以衡量的，任何在此基礎上的東西都不如表面上那麼精確。

這種情況讓我想起了傳聞中，人們在西部拓荒時代替牛稱重的方式。首先，牛仔會找一塊又長又厚的木板，把木板的中心放在一塊又大又高的岩石上。然後他們用繩子把牛拴在木板的一端，在木板另一端繫上另一塊巨石。他們會仔細測量從牛到岩石，以及從巨石到岩石的距離。如果木板不平衡，他們會嘗試用另一塊巨石，並再次測量。他們會一直這樣做下去，直到找到一塊巨石，可以讓木板兩邊完全平衡。在用距離和巨石重量列出表示牛隻體重的算式後，他們只剩下一件事要做：眾人必須猜測巨石的重量。還是那句話，這當中的數學可能是精確的，但支持其中數學應用的判斷、猜測和估計，卻一點也不精確。

市場自我參照的特質恰好也可以在這裡表現出來。因為牛仔必須猜測牛的重量，而牛的重量會根據牛仔之間的集體猜測、期望和恐懼而出現變化。兜了一大圈，儘管有

點牽強，用了牛來做比喻，但我們又回到本書前面講到的凱因斯選美比賽。我得出的結論是，儘管有像世通這樣令人作嘔的野獸，我仍然相當喜歡市場這個選美比賽。我只是希望我有更好的（而且是祕密的）方法，來測量這些牛的重量。

參考書目

數學、心理學和市場三者的共同和重疊範圍，是特殊的跨學科領域（即使沒有參雜回憶錄）。有許多數學大部頭巨著和理論在表面上與股票市場相關，事實上大部分並不相關。有許多選股技巧和策略所涵蓋的數學看起來非常深奧，但其實很多並非如此。有很多書籍在描述交易心理，但研究心理學的數學方法的著作卻很少，而且還有許多東西有待發掘。對於這個剛起步、定義模糊，但卻令人著迷的跨學科領域，下列書籍可以提供參考：

Bak, Per, *How Nature Works*, New York, Springer-Verlag, 1996.

Barabasi, Albert-Laszlo, *Linked: The New Science of Networks*, New York, Basic Books, 2002.

Dodd, David L., and Benjamin Graham, *Security Analysis*, New York, McGraw-Hill, 1934.

Fama, Eugene F., "Efficient Capital Markets, II," *Journal of*

Finance, December 1991.

Gilovich, Thomas, *How We Know What Isn't So*, New York, Simon and Schuster, 1991.

Hart, Sergiu, and Yair Tauman, "Market Crashes Without Exogenous Shocks," The Hebrew University of Jerusalem, Center for Rationality DP–124, December 1996 (forthcoming in *Journal of Business*).

Kritzman, Mark P., *Puzzles of Finance*, New York, John Wiley, 2000.

Lefevre, Edwin, *Reminiscences of a Stock Operator*, New York, John Wiley, 1994 (orig. 1923).

Lo, Andrew, and Craig MacKinlay, *A Non-Random Walk Down Wall Street*, Princeton, Princeton University Press, 1999.

Malkiel, Burton, *A Random Walk Down Wall Street*, New York, W. W. Norton, 1999 (orig. 1973).

Mandelbrot, Benoit, "A Multifractal Walk Down Wall Street," *Scientific American*, February 1999.

Paulos, John Allen, *Once Upon a Number*, New York, Basic Books, 1998.

Ross, Sheldon, *Probability*, New York, Macmillan, 1976.

Ross, Sheldon, *Mathematical Finance*, Cambridge, Cambridge University Press, 1999.

Siegel, Jeremy J., *Stocks for the Long Run*, New York, McGrawHill, 1998.

Shiller, Robert J., *Irrational Exuberance*, Princeton, Princeton University Press, 2000.

Taleb, Nassim Nicholas, *Fooled by Randomness*, New York, Texere, 2001.

Thaler, Richard, *The Winner's Curse*, Princeton, Princeton University Press, 1992.

Tversky, Amos, Daniel Kahneman, and Paul Slovic, *Judgment Under Uncertainty: Heuristics and Biases*, Cambridge, Cambridge University Press, 1982.

投資，是放大人性的機率遊戲

作　　　者　　約翰・艾倫・保羅斯（John Allen Paulos）
譯　　　者　　黃庭敏
主　　　編　　呂佳昀

總 編 輯　　李映慧
執 行 長　　陳旭華（steve@bookrep.com.tw）

社　　　長　　郭重興
發 行 人　　曾大福
出　　　版　　大牌出版 / 遠足文化事業股份有限公司
發　　　行　　遠足文化事業股份有限公司
地　　　址　　23141 新北市新店區民權路 108-2 號 9 樓
電　　　話　　+886-2-2218-1417
傳　　　真　　+886-2-8667-1851

印務協理　　江域平
封面設計　　FE 設計 葉馥儀
排　　　版　　新鑫電腦排版工作室
印　　　製　　成陽印刷股份有限公司
法律顧問　　華洋法律事務所　蘇文生律師

定　　　價　　450 元
初　　　版　　2022 年 11 月
有著作權　　侵害必究（缺頁或破損請寄回更換）
本書僅代表作者言論，不代表本公司／出版集團之立場與意見

電子書 E-ISBN
ISBN：9786267191262 (EPUB)
ISBN：9786267191255 (PDF)

國家圖書館出版品預行編目資料

投資，是放大人性的機率遊戲 / 約翰・艾倫・保羅斯 (John Allen Paulos) 作；
　黃庭敏 譯. -- 初版. -- 新北市：大牌出版；遠足文化事業股份有限公司發行，
　2022.11
　　　面；　　公分
　譯自：A mathematician plays the stock market
　ISBN 978-626-7191-27-9（平裝）

1.CST: 股票投資　2.CST: 投資分析　3.CST: 符號邏輯

563.53　　　　　　　　　　　　　　　　　　　　　111016340